AF607108

Profesionales compasivos

La aceptación incondicional en las relaciones de ayuda

Ana Martínez-Cuevas
José Carlos Bermejo
Pilar Barreto Martín

Profesionales compasivos

La aceptación incondicional en las relaciones de ayuda

Desclée De Brouwer

Henao, 6 - 48009 Bilbao
www.edesclee.com
info@edesclee.com

Impreso en España – Printed in Spain
ISBN: 978-84-330-3278-2
Depósito Legal: BI-1055-2024
Impresión: Grafo S. A. - Basauri

Índice

Prólogo

Para mí es buena noticia cuanto está sucediendo con la palabra compasión. Yo diría que la estamos recuperando, liberándola de miradas cortas que la hacían casi despreciable por evocar ñoñería o pena superficial.

Es cierto que el corazón del ser humano se mide por su capacidad para acoger el sufrimiento. Hoy, no falta quien se pregunta si es culturalmente posible la compasión, si somos capaces de interpretar el modo como nos comportamos con los demás con el lenguaje de la compasión.

Somos cada vez más los que queremos acompañar compasivamente a otras personas que se encuentran en situación de malestar y sufrimiento. Y cada vez más los que decimos que queremos hacerlo "centrados en las personas". Sin duda, una profundización antropológica y una aclaración de las causas e implicaciones de esta nueva corriente, se hace necesaria y oportuna.

Atención centrada en la persona

En efecto, en estos últimos años, asistimos a una especie de *boom*, quizás reactivo, en la promoción de modelos llamados "de atención centrada en la persona". Es posible que, como reacción a ciertas actitudes de paternalismo en las relaciones de ayuda y en el diseño de programas y servicios, estemos ahora reclamando a diestro y siniestro que lo que toca es poner a la persona del cliente, paciente, participante en un programa, etc., en el centro.

Una de las implicaciones de estos modelos de atención integral centrada en la persona, es la consideración del otro en su faceta multidimensional. No solo tiene necesidades físicas, sino que, en todo caso, tiene afectada su dimensión cognitiva, emocional, relacional, valórica y espiritual. Y toda forma de ayuda, ha de considerar esta multidimensionalidad. Tanto la de ayudado como la del ayudante.

Un segundo aspecto de este modelo es la importancia dada al respeto de la autonomía moral del ayudado. A este respecto, asistimos a un verdadero auge global de dinámicas de empoderamiento y reconocimiento de esa libertad y protagonismo propios del *counselling*, que quizás Rogers puso bajo el concepto de "tendencia actualizante" y "consideración positiva".

Hay que tener en cuenta, en todo caso, que autonomía no es autosuficiencia, ni autarquía. Y que el desarrollo de la autonomía se da siempre en un contexto circunstancial, de manera provisional o temporal, admitiendo, como no puede ser de otra manera, grados, por ser siempre la autonomía de carácter realacional. Kant recordará que el principio de autonomía implica elegir de tal modo que las máximas de elección pudieran ser comprendidas en el mismo querer como ley universal. El respeto de la autonomía implica que las acciones autónomas no deben ser controladas ni limitadas por otros, siempre que sus ideas y acciones no supongan un grave perjuicio para otros.

Rogers, padre de la psicología humanista y del *counselling* como referente para acompañar a las personas en sufrimiento, de manera no directiva, precisa que una consideración positiva completamente incondicional no existe si no es en teoría, y puntualizaba que sería mejor decir que esa consideración positiva incondicional se da en muchos momentos de la relación. Hay, en el fondo, una convicción y una actitud de confianza en la tendencia al bien, al desarrollo, al cambio constructivo, en el devenir humano.

Sabemos por experiencia que la consideración positiva y afectuosa, confiada en la persona, cuando es vivida con sinceridad y madurez por parte del profesional, trae notables ventajas para el cliente, el cual se siente con ganas de participar, conocerse más a fondo y comprometerse.

Me gusta citar una anécdota relativa a lo que he dado en llamar "las patatas de Rogers". En su libro *El poder de la persona* refiere: "Recuerdo que en mi niñez guardábamos nuestra provisión de patatas para el invierno en el sótano, varios pies debajo de una pequeña ventana. Las condiciones eran desfavorables, sin embargo, de las patatas salían unos retoños que eran una especie de expresión desesperada de la tendencia direccional que he estado describiendo (la tendencia actualizante). Nunca llegarían a ser una planta, nunca realizarían su potencial real. Pero bajo las circunstancias más adversas, luchaban por llegar a ser". Si una patata tiene esta tendencia, esta fuerza ¿no la tendrá un ser humano?

La tendencia actualizante

La noción de la tendencia actualizante ha sido central en la teoría centrada en la persona de Carl Rogers. Según él, la tendencia actualizante es la única fuerza motivacional. En el mundo del acompañamiento en el sufrimiento, en el mundo de la relación de ayuda y del *counselling*, evocamos la clave de Carl Rogers llamada "tendencia actualizante" o "fuerza de vida", motivación innata a desarrollar las potencialidades lo máximo posible y mejorar.

Hay quien dice que, si hubiese que resumir el enfoque centrado en la persona, tal y como lo propuso Carl Rogers, en un solo constructo, este sería el de tendencia actualizante. Con este se refirió a la tendencia básica de cada organismo a actualizarse, mantenerse y realizarse. En lugar de entender al humano como una colección de motivaciones y necesidades, propuso que existe exclusivamente una sola motivación subyacente e inherente tanto a mantenerse como a moverse hacia la realización de su potencial. Y esta es la clave del enfoque conocido en el *counselling* como no directivo.

La tendencia actualizante no es "buena" o "mala", no es un concepto moral; es un concepto biológico básico, es una "tendencia hacia el crecimiento", parecida a la que se ve en muchas cosas vivas, pero también distinta en tanto en cuanto gran parte de su expresión se da en nuestro mundo social. Es un impulso fundamental dentro de nosotros que nos hace sacar lo máximo de nuestro proceso vital y la mayoría de ese proceso vital es de naturaleza social. La tendencia actualizante lleva a usar lo mejor que puede las circunstancias sociales, incluyendo la formación de relaciones sociales mutuamente enriquecedoras, cuando las condiciones sociales lo permitan. Y cuando no lo permitan, buscará otra salida, siempre intentando mantener y aumentar el funcionamiento del organismo.

La mirada positiva, sin juicio, como presentamos en este libro, parte del convencimiento de que los seres humanos tenemos una tendencia innata a desarrollar una vida con el despliegue de nuestras potencialidades hacia el máximo. En ella consiste una de las tres actitudes de estas formas de relación de ayuda: la consideración positiva, la confianza en los recursos del ayudado, la mirada posibilista y no moralizante de la persona, sobre la que escribimos estas páginas.

La tendencia actualizante es, en el fondo, una de las claves del concepto fundamental en el enfoque centrado en la persona de Rogers. El organismo tiene la tendencia innata a desarrollar todas sus potencialidades, dirigirse hacia su crecimiento y preservación. El ser humano tiene la capacidad, latente o manifiesta, de comprenderse a sí mismo y de resolver sus problemas de modo suficiente. Se trata de la tendencia a alcanzar lo que el sujeto percibe como revalorizador o enriquecedor, aunque no necesariamente lo es objetiva o intrínsecamente.

Para Rogers no se trata ni de una creencia ni de un supuesto, sino una simple descripción de las consecuencias de tener en cuenta seriamente la cualidad de interconexión y las relaciones.

Se trata, en el fondo, de una constatación de las relaciones de las partes con el todo que supera el modelo positivista y cientificista. El modelo científico positivista que imperó durante siglos, empezó a cuestionarse a finales del siglo XIX. Responde a una insatisfacción con la racionalidad lineal y unidireccional. A pesar del acta de defunción del positivismo lógico, muchas personas, en las profesiones sanitarias y de intervención social, mantienen esta referencia en sus aproximaciones a los pacientes o ayudados.

El humanismo afirma que el ser humano es un ser complejo, multidimensional, es un ser en relación, pues además de no poder vivir aislado de los demás, es a partir de dicha relación y mediante la comunicación como se crea a sí mismo (autoconcepto) y se valora como individuo (autoestima).

El ser humano es un ser dinámico, cambiante, en proceso, en constante movimiento, inmerso en un proceso activo llamado vida, el cual, por naturaleza se conduce hacia una dirección que la mantiene y la mejora. La persona es un ser positivo, digno de confianza, que necesita atender a su sabiduría organísmica intrínseca a fin de poder desarrollar todo su potencial. Sea cual sea el estímulo o el ambiente que le rodee, la tendencia hacia un funcionamiento pleno que le dé seguridad y felicidad es inherente a él, y la podrá desarrollar en la medida en que sea libre para descubrir y aprender a conducirse. Esta tendencia tiene como efecto dirigir el desarrollo del organismo de forma autónoma y en el sentido de la unidad, revelándose así en su totalidad.

Tal y como un tulipán instintivamente se dirige siempre a ser tan completo y perfecto como le es posible, igualmente el humano se mueve hacia el crecimiento, la satisfacción y la realización de su nivel más alto posible de humanidad. La única restricción proviene del entorno.

El término "autoorganización" fue introducido por vez primera por Immanuel Kant en la *Crítica de la razón práctica*. En el marco de la psicología, Kurt Goldstein habló de autoactualización: el orden de un sistema –organismo– no viene de fuera, sino de dentro. Una aportación definitivamente novedosa por parte de Rogers fue la actualización del *self* o tendencia actualizante. En efecto, cuando Rogers habla de patología se refiere precisamente a esto, al estado en que la tendencia actualizante está "secuestrada".

En resumidas cuentas, en función de los juicios de valor con que crecimos, creamos un conjunto de ideas sobre lo que creemos que somos y sobre lo que creemos que deberíamos llegar a ser. La mayoría de las veces, esta idea coincide solo parcialmente con lo que de verdad somos y, a la larga, se instala cierta censura que dificulta contactar con lo que de verdad sentimos, queremos y necesitamos. En la medida en que la persona se viva genuinamente aceptada y comprendida, se animará a tocar aquellas partes suyas que de manera más o menos consciente rechazaba.

Si queremos servir de ayuda, como propone Rogers, necesitaremos partir de la constatación de que cada persona hace constantemente lo mejor que puede, dadas las circunstancias, internas y externas. No es, según él, una mera creencia, ni cuestión de confianza ciega.

Así pues, sin ignorar la tendencia al deterioro, y la capacidad de elegir y hacer el mal, debemos otorgar pleno reconocimiento a la sintropía o tendencia mórfica, que consiste en una propensión permanente hacia un orden creciente y una compleja capacidad de interrelación, tan evidente a nivel inorgánico como orgánico. El universo construye y crea permanentemente, además de deteriorar.

Muchos son los que critican este punto de vista. Les parece excesivamente optimista y que no se ocupa debidamente del elemento negativo, nocivo, el lado oscuro de los seres humanos, el pecado o posibilidad de hacer daño.

La tendencia actualizante propuesta por Rogers, –dicen los críticos– no se relaciona con los valores. No ensalza ni busca la bondad o el altruismo. Subyace una autoreferencialidad y una ética no heterónoma, con riesgo de sabor a individualismo y relativismo. Se trata, en efecto, en cierto sentido, de un enfoque emancipatorio. Ante esto nacerán resistencias, obviamente, puesto que parece legítimo la existencia de códigos comunes de conductas, laicos o de fuentes espirituales, como quiera que sea. No solo la autonomía y la autoreferencialidad.

La tendencia actualizante no puede ser una mirada ingenua, como quien quisiera negar la tendencia del ser humano a hacer el mal, daño a uno mismo o a otro. La inclusión de esta mirada positiva con el realismo de quien sabe de la seducción del mal, está pendiente en algunos espacios donde ingenuamente se presenta el *counselling* como modo de ayudar a ser sí mismo, sin referentes de valor ni alteridad. Por eso, en el *counselling* es muy necesario ayudar a tomar decisiones que honren los valores, no solo que generen bienestar emocional o satisfacción con la tendencia natural. Se abre el paso del estudio de la legítima persuasión en las relaciones de ayuda, a la que he dedicado también el libro, con Rosa Belda: *La persuasión. Las palabras en las relaciones de ayuda.*

La compasión

Agustín de Hipona, a la misericordia la llamó "el lustre del alma", que la enriquece y la hace aparecer buena y hermosa; y Tomás de Aquino llamó la atención sobre el serio riesgo de que la "justicia sin misericordia es crueldad".

La aceptación incondicional, a la que dedicamos estas páginas, es una expresión noble de ese lustre del alma: la compasión. La compasión es una actitud –no solo un sentimiento– fundado en bases mucho más físico-psicológicas y espirituales que las relativas a la piedad. La compasión es la atracción inevitable de la fragilidad, la debilidad y el sufrimiento ajeno, que hace a la persona partícipe de la "necesidad" de com-padecer. Nos mueve a arriesgar y hasta perder, por el otro, los propios intereses. Es un movimiento de participación en la experiencia del otro, en virtud del cual se genera una solidaridad y una obligación consiguiente de cuidado.

Más intensa que la empatía, en principio, la compasión se traduce en verdadero compromiso por aliviar o reducir su sufrimiento. El budismo ha hecho de este sentimiento su actitud espiritual propia. Todo ser vivo merece esta piedad cuidadora, esta solidaridad en la finitud o por la menesterosidad. Pablo de Tarso invitaba a "reír con los que ríen y llorar con los que lloran" (Rm, 15, 12), reforzando la idea de compartir los sentimientos y vicisitudes solidariamente, lo cual no se identifica exactamente ni con la empatía ni con la compasión.

Esta compasión genuina es la que genera la respuesta humana a la que Rogers llama aceptación incondicional o consideración positiva. Es una disposición a la ayuda sin juicio, a mirar al sufrimiento y al mundo emocional que desencadena, validando la experiencia como legítima de la condición humana. Es una disposición a compartir la herida más profunda de la otra persona realizando el acto de fe de creer en el otro, en sus posibilidades, quizás secuestradas. La compasión está en el corazón del sentido del *counselling* y otras formas de relación de ayuda que se despliegan en la escucha y el acompañamiento.

El cristianismo y especialmente San Agustín habla de compasión como misericordia y amor al prójimo, que viene del amor a Dios. Los estoicos la ven como una debilidad, en especial, Séneca que decía que se debe auxiliar al prójimo, pero sin sentir compasión. (Esto no es compasión, es más bien lástima). Sinónimo de compasión es piedad para Descartes, que la consideraba una de las pasiones del alma: "la piedad es una especie de tristeza mezclada de amor, o de buena voluntad hacia los que vemos sufrir algún mal". Spinoza la definía como "la tristeza del mal ajeno".

Pero no la consideraba una virtud, sino un elemento únicamente de la razón. Para Hutcheston constituye el fundamento del sentido moral, en cuanto la compasión como benevolencia es un instinto promotor del bien ajeno. Rosseau y Schopenhauer la elevan a que es fundamental como unión de uno con el todo, supone la identidad de todos los seres humanos, desde el hecho de que el dolor no sea exclusivo del que lo padece, sino a todo ser humano. Nietzche la describe como la disciplina del sufrimiento. La fenomenología de Scheller no la ve como un sentimiento intencional único y unívoco, sino como un sentimiento que se extiende, por así decirlo, en varios grados, desde la proyección emocional pasando por la simpatía, empatía, benevolencia, piedad, misericordia y llegando al amor.

En la tradición bíblica, compadecerse se expresa como un estremecimiento de las entrañas que comporta, según los estudiosos del verbo correspondiente (splagnizomai), la misericordia y tiene diferentes momentos: ver, es decir, entrar en contacto con alguna realidad de sufrimiento mediante los sentidos; estremecerse, es decir, el impulso interior o movimiento íntimo de las entrañas; y actuar, es decir, que no es un impulso infecundo, sino que mueve a la acción. Se trata, pues, de una voluntad de "volver del revés el cuenco del corazón" y derramarse compasivamente sobre el sufrimiento ajeno sentido en uno mismo y sin juicios moralizantes.

La compasión y la misericordia añaden la actitud de una cierta inclinación del ánimo hacia la persona desgraciada, cuyo mal se desearía evitar. Nos da compasión y nos produce misericordia ver a una persona en duelo, un enfermo mal atendido, una persona mayor abandonada, una mujer víctima de la violencia... Pues bien, la misericordia es un movimiento interno que parte del sentimiento de pena o indignación por los que sufren, que impulsa a ayudarles o aliviarles; es la virtud que impulsa a ser benévolo en el juicio y confiado en los recursos del otro.

La compasión está comprometida en eliminar, evitar, aliviar, reducir o minimizar el sufrimiento. Es lo contrario más que de la indiferencia o impasibilidad ante el sufrimiento ajeno, de la crueldad ante el mismo. Se trata de cultivar los mecanismos de incumbencia: “El sufrimiento del otro me incumbe”, “me afecta”, “me hace sentir incómodo”, de modo que la compasión es un “sentir con”, que permite asumirlo como propio. Somos compasivos cuando nos abrimos al lenguaje de la sensibilidad, captando en nuestras vísceras el sufrimiento del otro. Por otro lado, es un misterio el hecho de que, con frecuencia, la compasión se convierte en real para las personas, no solo como consecuencia de las acciones de un individuo hospitalario, sino a causa de la intangible atmósfera que deriva de la vida comunitaria.

La compasión es, dice García Roca, un sentimiento que fecunda el valor del reconocimiento. El autor habla de “inteligencia compasiva”. La inteligencia solidaria, cuando se libra de las derivas de la razón, crea, en palabras de Ortega, un nuevo régimen atencional que se configura como inteligencia compasiva, cooperante, libre, multiforme y esperanzada. El pensar solidario, que se realiza como sabiduría, deliberación y narración, reconoce que hay un lugar privilegiado para acceder a una mayor verdad. Cuando se piensa desde los empobrecidos, desde el reverso de la historia, se iluminan aspectos que de otro modo quedan encubiertos.

Quiera Dios que estas páginas sobre la compasión expresada en acogida incondicional y consideración positiva del otro, hagan bien a quien desea acompañar eficazmente a los demás en cualquier forma de relación de ayuda, con la mirada libre del juicio que descalifica y genera malestar, con la mirada puesta en sus potencialidades.

José Carlos Bermejo

Introducción

Las profesiones de ayuda, entre las que cabría citar las de trabajador social, psicólogo, maestro, educador, enfermera... vertebran su intervención a través de la relación con los destinatarios de su ayuda, y es esta relación, junto con los elementos técnicos específicos de la profesión, la que va tejiendo y conformando los posibles procesos de mejora.

Sin embargo, resulta paradójico evidenciar que, siendo el ámbito relacional el medio privilegiado a través del cual se acompañan itinerarios de procesos de mejora, los profesionales de ayuda no cuentan con un bagaje formativo en materia relacional que les permita, ya sea en ámbitos escolares, sanitarios o sociales, desarrollar y potenciar las capacidades del otro a través del encuentro y la relación de ayuda.

El *counselling* supone la puesta en práctica del modelo de Atención Integral Centrada en la Persona. Este modelo plantea que, más allá de las técnicas que como profesionales utilicemos, es la capacidad de despliegue de las actitudes rogerianas (empatía, aceptación incondicional y autenticidad) por parte de los profesionales de la ayuda, lo que va a posibilitar un mejor desarrollo de las capacidades del ayudado y, por tanto, un mayor nivel de éxito en la intervención.

Por nuestra parte, después de años de estudio, análisis y reflexión sobre las actitudes de Rogers, coincidimos con los planteamientos de, entre otros, Wilkins (2000) y Bozart (1998), cuando afirman que las tres condiciones se encuentran íntimamente ligadas, hasta el punto de poder considerarlas una metacognición y señalando la imposibilidad de ser separadas.

Junto a este pensamiento, y sin entrar en contraposición al mismo, ha ido surgiendo en nosotros, la necesidad de aislar una de estas condiciones, la aceptación incondicional, y desarrollar una revisión bibliográfica sobre la misma, que nos pudiera permitir desvelar sus efectos positivos, tanto en la figura del ayudante, como en la del ayudado.

Consideramos que, en la esencia del Modelo de Atención Integral Centrado en la Persona, que guía en la actualidad la intervención en la gran mayoría de centros sociosanitarios, coexisten dos conceptos de vital importancia y que se encuentran íntimamente relacionados: la compasión y la aceptación incondicional.

En esta línea de pensamiento, identificamos la compasión como condición previa, indispensable y necesaria para el desarrollo y despliegue en el ayudante de la aceptación incondicional.

Sinclair et al., (2016) identificaron la compasión como la sensibilidad al sufrimiento en uno mismo y en otros, con el compromiso de tratar de aliviarlo y prevenirlo.

De esta manera, la compasión nos permite reconocer el sufrimiento presente en el otro, y la aceptación incondicional es la actitud adecuada con la que nos acercamos a la persona necesitada de ayuda.

Por tanto, la compasión y la aceptación incondicional, presentes de manera conjunta en el ayudante, permiten, posibilitan y facilitan el despliegue del Modelo Integral de Atención centrado en la Persona.

En este sentido, también otros autores (van Lieshout et al., 2015) identificaron el concepto de compasión como fenómeno interpersonal propio de la práctica centrada en la persona.

Sirven estas páginas para explorar la envergadura de la aceptación incondicional en las relaciones de ayuda, el poder que tiene la relación que no juzga, que da libertad a expresar toda la verdad conocida de uno mismo, necesitada de ser narrada a la búsqueda de luz y vida buena virtuosa, sin sufrimiento evitable.

1

El *counselling* en las profesiones de ayuda

El compromiso es un acto,
no una palabra.
(Eduardo Galeano)

Como técnicos en el ámbito social, nos preguntamos: ¿cómo motivamos a esas personas a las que parece no interesar nada? ¿Cómo manejamos esas situaciones de aparente desprecio hacia nosotros? ¿Cómo ayudamos a esa persona que se muestra con tanta rabia y observamos, no sin dificultades, que posiblemente detrás de la misma haya frustración, inseguridad, o sentimientos de otro tipo, difíciles de reconocer? ¿Cómo nos relacionamos con aquellos que nos exigen, a nuestro juicio, de manera desproporcionada?

Son escenarios cotidianos que se viven y que el agente social está habituado a gestionar con mejor o peor fortuna, dejando, en ocasiones, cierto poso de insatisfacción y desánimo en ellos, al encontrarse, quizá, con falta de herramientas personales para su adecuada gestión. Circunstancias que, sin duda, redundan, entre otras cosas, en el clima del equipo y en el ánimo del profesional.

Situaciones como las señaladas anteriormente, son las que nos hacen tomar conciencia de la importancia de que los profesionales de la ayuda cuenten con competencias relacionales que le permitan un sano manejo de las mismas, convirtiéndose de esta manera, en retos para el agente social y en oportunidades de crecimiento personal.

Sabemos que el *counselling* facilita la creación de un clima de encuentro, en el que la persona se sienta invitada a entrar en sí misma. Entrar para ver y contemplar sin miedo, para reconocer y evocar sin juicios, para aceptar en paz y construir en libertad, sabiendo que su compañero de camino será alguien que le aceptará de manera incondicional.

Por otro lado, también sabemos que el *counselling* posibilita en el ayudante la capacidad de desplegar lo mejor de sí mismo, a través del despliegue de las actitudes básicas, con el fin de ponerlas al servicio de la persona ayudada.

Una investigación llevada a cabo recientemente por Martínez-Cuevas (2023), que ha contado con una muestra de 756 profesionales que desarrollan su actividad en centros de atención a personas con discapacidad intelectual, evidencia que la formación en *counselling* facilita la capacidad de desplegar herramientas personales que puedan prevenir la aparición del burn-out en los profesionales, evitando de esta manera, el agotamiento físico, mental y emocional.

En este sentido, una investigación realizada por Hearn et al., (2021) con personas privadas de libertad, concluye afirmando que la calidad de las relaciones entre el personal penitenciario y las personas privadas de libertad es vital, ya que las relaciones que incluyen las actitudes propias del *counselling* (autenticidad, empatía y aceptación incondicional) correlacionaron con el crecimiento postraumático de estas personas.

Es importante señalar que esta investigación está centrada en todas las relaciones del personal penitenciario, y no solo aquellas relaciones que las personas privadas de libertad establecen con los terapeutas del establecimiento penitenciario. Este planteamiento de la investigación coincide con nuestro planteamiento de que estas actitudes deben ser asumidas por todas las profesiones de ayuda.

Diferentes aproximaciones al concepto de *counselling*

En nuestro país, los constructos de *counselling* y *relación de ayuda* se han utilizado como conceptos análogos y fácilmente intercambiables, siendo equiparados y utilizados como sinónimos a nivel conceptual.

También nosotros aceptamos esta analogía, entendiendo que ambos conceptos recogen el contenido teórico marcado por Carl Rogers, estableciendo la importancia del desarrollo en el ayudante de las tres actitudes básicas que posibilitan el encuentro con el ayudante y favorecen los procesos de acompañamiento y de introducción de cambios: la empatía, la aceptación incondicional y la autenticidad.

Carl Rogers (1986 p. 46), utilizando la expresión de relación de ayuda dice: "Podríamos definir la relación de ayuda diciendo que es aquella en la que uno de los participantes intenta hacer surgir, de una o de ambas partes, una mejor apreciación y expresión de los recursos latentes del individuo y un uso más funcional de estos".

Se observa que, al definir el concepto, no solo lo circunscribe a una relación terapéutica, como lo hizo en sus inicios, sino que amplía la visión del término, y abarca a una amplia variedad de relaciones de ayuda, en las que se busca posibilitar el desarrollo de la persona ayudada, considerando, por tanto, que este tipo de relación es perfectamente aplicable a todas las profesiones de ayuda.

Además, parte de una visión positiva de la persona ayudada, ya que manifiesta que la tarea del ayudante se traduce en hacer surgir una mejor apreciación y expresión de los recursos latentes del individuo y un uso más funcional de estos. Al añadir el adjetivo de latentes parte, por tanto, del convencimiento de que los recursos sanadores existen en el ayudado.

Por nuestra parte, valoramos de vital importancia la convicción del agente de ayuda de que los recursos sanadores existen realmente en el ayudado. Es posible, que su educación, las oportunidades que la vida le ha ofrecido, las personas que le han acompañado... hayan sido barreras para el desarrollo de esa parte sana y fuerte, si bien, existe de manera latente, como señala Rogers.

Siguiendo en esta línea argumentativa, tal y como recoge Trettin (2021), Rogers restó importancia a la patología y se centró en las fortalezas, los recursos y la posibilidad de desarrollo del individuo.

En la misma línea, Carkhuff (1971), convencido de que el *counselling* o la relación de ayuda podía ser extendido a cualquier campo de ayuda, y no solo al psicológico, lo define del siguiente modo: "Por ayuda, entiendo cualquier relación entre una persona más conocedora o asesor, ya sea consejero, profesor o padre, y otra menos conocedora o asesorada, ya sea cliente, estudiante o hijo".

Se puede observar que ambas definiciones sitúan al *counselling* como herramienta para cualquier profesional de la ayuda, ya sean maestros, enfermeros, médicos o trabajadores sociales. De este modo, se emplaza el concepto fuera del ámbito de la psicología clínica y se presenta como instrumento a desarrollar por los profesionales de la ayuda con el fin de posibilitar el crecimiento de la persona ayudada.

Observamos, de esta manera, que tanto Rogers como Carkhuff extienden la aplicación del *counselling*, separándolo del campo de la psicoterapia y trasladándolo a cualquier campo de ayuda.

Consideramos que la posibilidad de aplicación del *counselling* a las diferentes profesiones de ayuda, las dota de una mayor calidad y también de recursos en sus posibilidades de intervención.

Por otra parte, Dietrich (1986) define el *counselling* de la siguiente manera:

Counselling es, en su núcleo sustancial, esa forma de relación auxiliante, interventiva y preventiva, en la que un consejero, sirviéndose de la comunicación lingüística y sobre la base de métodos estimulantes y corroborantes intenta, en un lapso de tiempo relativamente corto, provocar en un sujeto, desorientado, sobrecargado, o descargado inadecuadamente, un proceso activo de aprendizaje de tipo cognitivo emocional, en el curso del cual se puedan mejorar su disposición a la autoayuda, su capacidad de autodirección y su competencia operativa (p. 14).

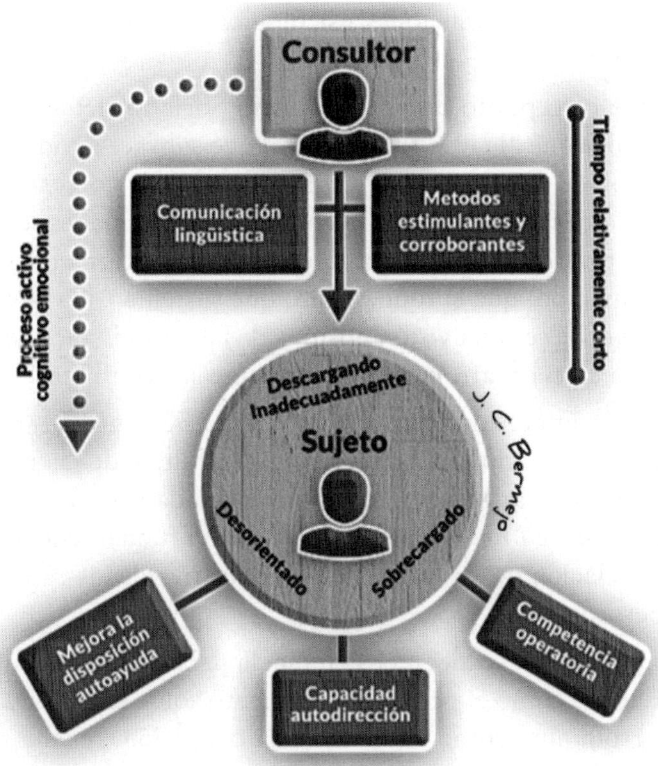

En esta definición se observa el matiz que señala al hablar del sujeto a quien se dirige el *counselling*. Dietrich habla de personas desorientadas, sobrecargadas o descargadas de manera inadecuada, aspecto que nos ayuda a establecer los límites en el *counselling*.

Por tanto, siguiendo la definición anterior, el *counselling* puede ser utilizado en procesos de acompañamiento de situaciones cotidianas que pueden producir estrés, desorientación o sobrecarga, dejando fuera del ámbito de intervención del *counselling* situaciones de personas con patologías diagnosticadas. No obstante, personas que cuentan con esta clínica, el *counselling*, en tanto que marco relacional, puede ser utilizado como herramienta complementaria a intervenciones psicológicas o psiquiátricas, como coadyuvante.

Desde otro punto de vista, Madrid Soriano (1986, pp. 195-196), recoge que "la idea fundamental que subyace a todo proceso de relación de ayuda, especialmente dentro de la corriente humanista, es la de facilitar el crecimiento de las capacidades secuestradas de la persona en conflicto". Sigue exponiendo en el desarrollo de su definición, que el fundamento que sustenta toda la relación de ayuda debe ser una visión positiva de las capacidades de la persona para crecer y afrontar positivamente sus conflictos.

Resulta interesante ver cómo Madrid Soriano desarrolla la definición poniendo el foco en la visión positiva de las personas, deseando enfatizar que esta es condición fundamental para el ejercicio del *counselling*. Así pues, señala que el fundamento que sustenta la relación de ayuda es la visión positiva de las capacidades de la persona.

Según la Real Academia Española, la palabra fundamento puede traducirse como el principio o cimiento sobre el que se apoya y se desarrolla una cosa. Siguiendo esta definición, resulta patente que para Madrid Soriano, el cimiento, la base, sobre el que se desarrolla la relación de ayuda es la visión positiva del otro.

También nosotros compartimos la idea de Madrid Soriano, incluso en aquellas situaciones en las que la persona se encuentra en momentos de crisis en los que, a primera vista, quizá solo vemos errores, incongruencias y fracasos... Es cierto que la capacidad de ver lo que de positivo habita en el otro, sus posibilidades todavía no desarrolladas, nos sitúa en un marco de relación de seguridad, confianza y posibilidades, que permitirá el desarrollo del proceso de mejora.

Desde otro ángulo, Okun (2001) define el *counselling* de la siguiente manera:

> *Una relación de ayuda centrada en el cliente y orientada a la resolución de problemas en la que los cambios conductuales pueden tener su origen en 1) la exploración y comprensión por parte del cliente de sus sentimientos, pensamientos y acciones, o en 2) la comprensión por parte del cliente de las variables ambientales y sistémicas que intervienen en sus dificultades y su decisión de cambiarlas. En este tipo de terapia se utilizan estrategias cognitivas, afectivas y conductuales por separado o de manera conjunta cuando la persona que proporciona la ayuda y la que la recibe deciden que son necesarias y es el momento adecuado. Así algunas estrategias combinan varios aspectos de diferentes teorías formales de la ayuda* (pp. 33-34).

En el desarrollo de esta definición, se recoge la visión ecléctica del *counselling*, al señalar que utiliza estrategias cognitivas, afectivas y conductuales pudiendo ser combinadas diversas teorías formales. Consideramos que esta visión ecléctica aporta riqueza y frescura al concepto, posibilitando un crecimiento constante en cuanto a su desarrollo teórico y práctico.

En otro orden de ideas, Bermejo (2011) con el fin de definir el constructo, recoge una serie de claves que, a su juicio, definirían el concepto de *counselling:*

- se produce una relación entre el *counsellor* y la persona que sufre, el ayudado necesitado y dispuesto a dejarse ayudar,
- esta relación pretende ejercer un influjo saludable sobre la otra persona para afrontar dificultades, tomar decisiones, emprender cambios, crecer personalmente, modificar actitudes, aprender a vivir sanamente lo que no se puede cambiar,
- el ayudado sufre, pero cuenta con recursos y el *counsellor* apuesta por el protagonismo del ayudado en el proceso de afrontamiento de las dificultades,
- el mundo de los sentimientos ejerce un influjo importante en la persona, tanto en el ayudado como en el *counsellor*, de tal manera que el cambio de conducta no es el único referente, puesto que sentirse comprendido en el corazón, tiene un gran poder terapéutico,
- se utilizan técnicas de relación, y además se apuesta por el valor terapéutico de las actitudes que el *counsellor* es capaz de desplegar y actualizar en el encuentro,
- no solo se cree en el potencial de cambio del ayudado, sino en el proceso de potenciación posible, de refuerzo y confrontación fruto de la interacción; en las posibilidades de aprender nuevas estrategias y valorar nuevas alternativas para afrontar la situación de sufrimiento,
- se considera fundamental la autonomía del ayudado, aun en el caso de situaciones en las que sea necesaria la persuasión directa ante posibles conductas desadaptativas o que generen mal sobre sí mismo o sobre terceros (pp. 21-22).

De entre las claves señaladas por Bermejo, querríamos subrayar la importancia del valor terapéutico de las actitudes en el *counsellor*, ya que uno de los posibles riesgos en el ejercicio del *counselling*, se traduce en que el ayudante adquiera un conocimiento teórico de las actitudes y se adiestre en la adquisición de una serie de herramientas. Es bien sabido que, en este caso, no estaríamos hablando de *counselling*, dado que la esencia del mismo nace del despliegue de las actitudes de la triada rogeriana por parte del ayudante.

Esta falta de autenticidad, en aquellos casos en los que el ayudante tan solo despliega una serie de técnicas o habilidades aprendidas, dejando de lado el componente actitudinal del *counselling*, minimiza los efectos positivos, y desde luego, deja de ser un elemento protector frente al *burn-out* en los profesionales.

Además, en su definición, Bermejo aporta como clave la importancia de preservar la autonomía del ayudado. El concepto de autonomía es uno de los principios de la bioética que se define como la aceptación del otro como agente moral responsable y libre para tomar decisiones tal y como señala Cano (1996). Resulta interesante considerar, en este sentido, que la autonomía no es un concepto categorial, de todo o nada; al contrario, es una capacidad que se posee en determinado grado.

Resulta muy interesante introducir este concepto en la construcción de la definición del *counselling*, ya que incorpora una clave de relación que define las fronteras de la misma y establece un tipo de vínculo en el que más allá de los límites actuales que presente la persona ayudada, o de su estado de vulnerabilidad actual, se le reconoce su capacidad de decidir.

Con posterioridad, (Bermejo, 2013) define el concepto como "brindar un proceso que ayuda, y facilitar al consultante clarificar su situación vital y las metas y valores que orienten su vida, particularmente en situaciones de dificultad" (p. 28).

En este planteamiento, más sencillo en cuanto a formulación y profundización, resultan como elementos claves la idea de proceso y el contenido del *counselling* centrado en ayudar y acompañar en situaciones de dificultad.

Asimismo, Arranz, Barbero, Barreto y Bayés, que han desarrollado la práctica del *counselling* y realizado trabajos de investigación sobre el mismo, de manera más específica en el ámbito de la salud, definen el *counselling* como:

> *Un proceso interactivo, en el que, rescatando el principio de autonomía de la persona, se ayuda a esta a tomar las decisiones que considere más adecuadas para ella en función de sus valores e intereses. En otras palabras: es el arte de hacer reflexionar a una persona, empatizando y confrontando, por medio de distintas estrategias comunicativas, de tal modo que pueda llegar a tomar las decisiones que considere adecuadas para ella y siempre teniendo en cuenta su estado emocional. No es hacer algo por alguien; sino hacerlo con él* (Arranz et al., 2003, p. 36).

Observamos cómo Arranz, Barbero, Barreto y Bayés recogen también la importancia del principio de autonomía de la persona, principio del que ya hemos hablado con anterioridad, y por otra parte establecen la idea de que *counselling* es el arte de hacer reflexionar a una persona. De hecho, en la formación en *counselling*, se incide en la idea de que lo importante en el diálogo no es lo que el ayudante pueda decir, sino que la tarea del ayudante pasa por posibilitar que el ayudado se diga, desde la construcción de un diálogo de tipo socrático.

Resulta realmente interesante y acertada la expresión "es el arte de hacer reflexionar a una persona". Hablar de arte, nos lleva a pensar en algo delicado, construido desde lo personal, donde la creatividad nacida de la intuición aporta un valor único a cada trazo en la relación.

Entender, por tanto, el *counselling* como arte, lo sitúa en un espacio de unicidad, en el que el diálogo surgido del deseo de ayudar a reflexionar se convierte en significado único.

Además, plantean la importancia de ser conscientes del estado emocional de la persona ayudada, idea que también recogía Bermejo en el desarrollo de su definición.

Tomar conciencia del estado emocional del ayudado nos permitirá valorar la necesidad de utilizar estrategias de soporte, en caso de encontrarnos con estados emocionales adversos, en los que resulta necesario facilitar un proceso de integración y encauzamiento de los mismos, o estrategias de estímulo en caso de encontrarse con la motivación suficiente para iniciar un proceso de cambio.

En otro orden de cosas, además, la práctica del *counselling* facilita el establecimiento de una relación de confianza significativa que permite y facilita la promoción futura del bienestar en la otra persona (Barreto et al., 2010).

El concepto de relación de confianza significativa nos parece de vital importancia para llegar a entender el alcance profundo del *counseling* y las repercusiones que pueden sobrevenir en la vida futura del otro.

Cabe señalar que, en los procesos de *counselling*, se va adquiriendo un aprendizaje vital que va más allá de la resolución de la situación que llevó a la persona a buscar ayuda. El trabajo realizado en el ayudado, favorece un proceso de maduración, de manejo del propio mundo emotivo, de conocimiento interno, de aprendizaje de estrategias y habilidades relacionales que, ciertamente, favorecerán la promoción futura del bienestar en la otra persona.

También Dietrich (1986) recoge esta idea cuando expresa que el *counselling* mejora la disposición a la autoayuda, la capacidad de autodirección y la competencia operatoria en el ayudado.

Barreto y Soler (2004) definen el *counselling* de la siguiente manera:

Es un proceso interactivo basado en estrategias comunicativas que ayuda a reflexionar a una persona de forma que pueda llegar a tomar las decisiones que considere adecuadas para sí misma de acuerdo con sus valores e intereses y teniendo en cuenta su estado emocional (p. 144).

En esta definición, sintetizan la definición formulada por Arranz, Barbero, Barreto y Bayés, poniendo el énfasis en los elementos claves que ya se recogían en la definición de 2003.

Observamos cómo, para Barreto, en las diferentes definiciones que aporta con otros compañeros, siempre aparece el verbo reflexionar. Podríamos deducir que, para ella, posibilitar la reflexión en el otro, es una de las piezas claves del *counselling.*

No olvidemos, sin embargo, que esta idea, está íntimamente ligada con otro elemento clave como es la visión positiva en el ayudado.

Realmente, solo se puede favorecer la reflexión en el otro, si partimos del convencimiento de que ese otro cuenta con las capacidades suficientes y que nuestra tarea, se traduce en ayudarle a que llegue a buen puerto, a través de la facilitación de esa reflexión.

Siguiendo con la búsqueda de otras definiciones, Costa y López (2003) subrayan que se trata de:

Una alianza estratégica entre consultores o consejeros y consultantes que está comprometida con las experiencias difíciles de la vida y que se acerca a ella con la responsabilidad compartida de ofrecer apoyo, potenciación y orientación para el aprendizaje y el cambio cuando los consultantes están haciendo frente a la adversidad, a decisiones difíciles o a problemas personales, interpersonales y grupales que les ocasionan sufrimiento y daño emocional a ellos y a otras personas o grupos de su entorno habitual (pp. 19-20).

En este desarrollo del significado, de nuevo, Costa y López nos ayudan a circunscribir el ámbito de intervención del *counselling*, situándolo como útil para el acompañamiento en experiencias difíciles de la vida.

Podemos inferir que esta conceptualización de "experiencias difíciles" huye de una patologización de la vida, tendencia recurrente en los últimos años. Es cierto que la vida nos ofrece momentos vitales difíciles, complejos y duros; pero que, en definitiva, se trata de "experiencias difíciles", propias del devenir de la vida, que en principio, no requerirían de psicoterapia, a no ser que esa experiencia difícil pudiera hacer debutar una patología, en cuyo caso sí que se requeriría la psicoterapia.

Además, introducen el concepto de alianza, constructo ampliamente estudiado desde la psicología clínica, y que también es utilizado en el *counselling*. Ya en los inicios del psicoanálisis, el mismo Freud (1912), apuntó la idea que era importante que el analista mantuviera un interés y una actitud comprensiva hacia el paciente para permitir que la parte más saludable de este fuera capaz de mantener y desarrollar una relación positiva con el analista.

Con el paso de los años, el concepto de alianza terapeutica ha sido incorporado por la mayoría de las escuelas psicoterapéuticas, pero avanzando en cuanto a su formulación y alejándose de la lectura transferencial aportada por la escuela psicoanalista en sus inicios.

En ese sentido, probablemente uno de los autores más influyentes en la concepción actual de la alianza terapéutica sea Bordin (1976).

Bordin definió la alianza como el encaje y colaboración entre el cliente y el terapeuta e identificó tres componentes que la configuran: (a) acuerdo en las tareas, (b) vínculo positivo y (c) acuerdo en los objetivos. (Corbella y Botella, 2003).

Tal y como recogen Corbella y Botella (2009), numerosos estudios correlacionan la alianza terapéutica con el desarrollo positivo de la intervención terapéutica (Bachelor, 1991; Barber, Connolly, Crits-Christoph, Gladis, y Siqueland, 2000; Horvath y Symonds, 1991; Horvath, 2001, junio; Stiles, Agnew-Davies, Ardí, Barkham y Shapiro, 1998 Weerasekera, Linder, Greenberg y Watson, 2001).

En *counselling*, el constructo de alianza terapéutica, más propio del ámbito de la psicología clínica, es asimilado a través del concepto de vínculo. Este proceso de creación del vínculo forma parte de la primera parte del proceso, dedicándole, de hecho, la primera fase del *counselling* a la creación y potenciación del mismo.

De hecho, el vínculo, construido y tejido en la primera fase del *counselling*, es la base sobre la que vamos construyendo el camino y el proceso. Un buen vínculo posibilita que las fases segunda y tercera sean de recorrido más fácil.

La relación de confianza posibilita en el ayudado una mayor capacidad de reconocer sus errores y límites, y a su vez, entre otras cosas, facilita en el ayudante la posibilidad de confrontar e incitar a la acción en caso de encontrar incongruencias o estados de inactividad que puedan considerarse excesivos.

Sin una buena relación vincular, la confrontación o incitación a la acción pueden ser la causa suficiente para romperse la relación o abandono del proceso.

Por otra parte, Duff & Bedi (2010) realizaron una investigación en la que buscaban identificar los comportamientos específicos del consejero que se relacionaban con el establecimiento de una alianza fuerte. Los hallazgos apuntan hacia la idea de que los comportamientos de los consejeros aparentemente pequeños y que fomentan las fortalezas desempeñan un papel clave en el fortalecimiento de las alianzas terapéuticas.

En concreto, sobresalieron del resto tres comportamientos particulares de consejeros: hacer declaraciones alentadoras, hacer comentarios positivos sobre el cliente y saludar al cliente con una sonrisa.

Resulta interesante reparar en el hecho de que podríamos afirmar que estos tres micro-comportamientos del ayudado que favorecen la alianza, pueden emerger de una de las actitudes de Rogers, en concreto, de la aceptación incondicional.

Asimismo, Bermejo (2017) en un interesante artículo en el que analizaba este concepto de alianza terapéutica señalaba que el desafío pasaba por "explicitar lo que se busca, hacer pactos de compromiso responsable en torno a los procesos, los objetivos y las características del encuentro" (p. 112).

En otro orden de ideas, Mclleod (2009) identifica el *counselling* como un diálogo privado, propositivo, originado por la intención de una persona de reflexionar y resolver un problema de su vida y la voluntad de otra persona de ayudar en esa tarea.

Es aquí donde se parte de la idea de que el *counselling* solo puede darse cuando existe un deseo de la persona en situación de dificultad de buscar ayuda y una intención de querer reflexionar y resolver un problema de su vida.

Nuestra práctica, sin embargo, nos lleva a planteamientos un tanto diferentes, ya que el *counselling* es de gran utilidad también en aquellos casos en los que no hay conciencia de problema, o existen resistencias para enfrentarlo y buscar alternativas que quizá posibilitaran un desarrollo más sano en la persona.

En estos casos, el *counselling* nos aporta claves de intervención, llenando de contenidos la presencia, en aquellas situaciones en las que de manera coloquial podría decirse "no hay nada que hacer", quizá porque no exista la voluntad de cambio.

Una presencia atenta y compasiva, donde el manejo de la paciencia juega un papel importante, dotan a esa presencia de un contenido profesional y terapéutico que, sin duda, influirán en la evolución del proceso.

Por otra parte, Pascual y Morales (2012) defienden que *counselling* es una relación interactiva de ayuda en la que el principal elemento es el proceso de comunicación, a través del cual, el entrevistador ayuda a la persona a darse cuenta de cuál es el problema, a comprenderlo desde otro punto de vista y a aportar nuevas soluciones.

Coincidimos en subrayar que el principal elemento del *counselling* es el proceso de comunicación en toda su extensión (verbal y no verbal). Es la palabra y son los gestos los que nos acercan y nos posibilitan entender al otro. Con nuestra palabra y la expresión no verbal manifestamos comprensión y el otro puede expresar todo aquello que le genera malestar y confusión.

Es por ello que, en el *counselling*, en el acto de comunicar, valoramos la importancia del contenido de lo que decimos, pero también es de vital relevancia la manera cómo lo decimos y el momento elegido para la comunicación. Es decir, la idea que transmitimos a través de la comunicación puede ser correcta, pero el modo en cómo construimos dicha idea puede ser poco adecuado, y esto limita el proceso comunicativo.

Sin embargo, quizá, el significado que aporta esta definición parece que se centra exclusivamente en aspectos cognitivos, si bien en otros momentos señalan que para que el *counselling* sea eficaz el entrevistador tiene que trabajar en la construcción de una relación de confianza, ampliando, de esta manera, el marco no solo a aspectos cognitivos sino también emocionales, ya que es difícil entender la construcción de la confianza desde parámetros meramente cognitivos.

Llegando casi al final, La *British Association for Counselling* define esta herramienta como la utilización hábil y fundamentada de la comunicación y la relación, con el objetivo de desarrollar el autoconocimiento, la aceptación, el crecimiento emocional y los recursos personales. El *counselling* es una manera de facilitar el cambio o de reducir la confusión.

En esta definición, queremos subrayar las claves en las que esta asociación asienta las bases del *couselling:* en la comunicación y la relación. Por otra parte, destacar también la importancia de tomar conciencia de los diferentes niveles de funcionalidad que se pueden trabajar desde el *counselling.* El objetivo, según manifiestan, no solo es inducir al cambio; también puede considerarse un objetivo útil el hecho de reducir la confusión o minimizar el malestar emocional.

Desde el principio de autonomía, será la persona ayudada la que irá definiendo y marcando los objetivos a conseguir. No obstante lo anterior, también cabe que el ayudante pueda proponer o confrontar sobre los objetivos marcados, aportando otros puntos de vista que puedan ser tomados en consideración por el ayudado.

Por nuestra parte, estimamos la importancia de graduar los objetivos en la relación o el encuentro con el otro. Ajustar de manera realista nuestras expectativas y nuestros objetivos en el encuentro, minimiza posibles fracasos y nos ayuda a construir un proceso en el que se camina a un ritmo adecuado, marcado, en gran medida, por el ayudado.

Finalmente, Hernández-Pinzón (2003) al definir el concepto de *counselling*, entiende que este busca favorecer el crecimiento psíquico, el propio conocimiento y el razonable dominio emocional de sí mismo, para que sea capaz de resolver sus problemas y actuar de una manera responsable en la vida.

Se observa en la definición de este autor, que el hecho de recoger la idea de que el *counselling* favorece el crecimiento psíquico, le acerca a otros autores y comparte parte de las definiciones de algunos de ellos, ya que esta idea también es recogida por Dietrich (1986) y Barreto y Saavedra(2010).

Como conclusión de esta primera parte y como resultado de la revisión de literatura científica, las distintas aportaciones que se han presentado, ponen de relieve los siguientes elementos:

Tabla 1. Definiciones de *counselling.*

Autor/es	Definición	Elementos
Rogers, C.	Es aquella en la que uno de los participantes intenta hacer surgir, de una o de ambas partes, una mejor apreciación y expresión de los recursos latentes del individuo y un uso más funcional de estos.	• Visión positiva del ayudado • Cualquier campo de ayuda
Carkhuff, R.	Cualquier relación entre una persona más conocedora o asesor, ya sea consejero, profesor o padre, y otra menos conocedora o asesorada, ya sea cliente, estudiante o hijo.	• Cualquier campo de ayuda
Dietrich, G.	Forma de relación auxiliante, interventiva y preventiva, en la que un consejero, sirviéndose de la comunicación lingüística y sobre la base de métodos estimulantes y corroborantes intenta, en un lapso de tiempo relativamente corto, provocar en un sujeto desorientado, sobrecargado o descargado inadecuadamente, un proceso activo de aprendizaje de tipo cognitivo emocional, en el curso del cual se puedan mejorar su disposición a la autoayuda, su capacidad de autodirección y su competencia operatoria.	• Limitación del objeto: personas desorientadas • Temporalidad • Proceso de aprendizaje cognitivo y emocional • Mejorar disposición a la autoayuda
Madrid Soriano, J.	La idea fundamental que subyace a todo proceso de relación de ayuda, especialmente dentro de la corriente humanista, es la de facilitar el crecimiento de las capacidades secuestradas de la persona en conflicto. El fundamento que sustenta toda la relación de ayuda debe ser una visión positiva de las capacidades de la persona para crecer y afrontar positivamente sus conflictos.	• Visión positiva del ayudado
Okun, B.	Una relación de ayuda centrada en el cliente y orientada a la resolución de problemas en la que los cambios conductuales pueden tener su origen en 1) la exploración y comprensión por parte del cliente de sus sentimientos, pensamientos y acciones, o en 2) la comprensión por parte del cliente de las variables ambientales y sistémicas que intervienen en sus dificultades y su decisión de cambiarlas. En este tipo de terapia se utilizan estrategias cognitivas, afectivas y conductuales por separado o de manera conjunta, cuando la persona que proporciona la ayuda y la que la recibe decide que son necesarias y es el momento adecuado. Y algunas estrategias combinan varios aspectos de varias teorías formales de la ayuda.	• Orientada a la resolución de problemas • Exploración de sentimientos • Visión ecléctica

Bermejo, J. C.	Claves que, a su juicio, definirían el concepto de *counselling*: • se produce una relación entre el *counsellor* y la persona que sufre, el ayudado necesitado y dispuesto a dejarse ayudar, • esta relación pretende ejercer un influjo saludable sobre la otra persona para afrontar dificultades, tomar decisiones, emprender cambios, crecer personalmente, modificar actitudes, aprender a vivir sanamente lo que no se puede cambiar, • el ayudado sufre, pero cuenta con recursos y el *counsellor* apuesta por el protagonismo del ayudado en el proceso de afrontamiento de las dificultades, • el mundo de los sentimientos ejerce un influjo importante en la persona, tanto en el ayudado como en el *counsellor*, de tal manera que el cambio de conducta no es el único referente, puesto que sentirse comprendido en el corazón tiene un gran poder terapéutico, • se utilizan técnicas de relación, y además se apuesta por el valor terapéutico de las actitudes que el *counsellor* es capaz de desplegar y actualizar en el encuentro, • no solo se cree en el potencial de cambio del ayudado, sino en el proceso de potenciación posible, de refuerzo y confrontación fruto de la interacción; en las posibilidades de aprender nuevas estrategias y valorar nuevas alternativas para afrontar la situación de sufrimiento, • se considera fundamental la autonomía del ayudado, aun en el caso de situaciones en las que sea necesaria la persuasión directa ante posibles conductas desadaptativas o que generen mal sobre sí mismo o sobre terceros.	• Campos del *counselling:* afrontar dificultades, tomar decisiones, emprender cambios, crecer personalmente, modificar actitudes, aprender a vivir sanamente lo que no se puede cambiar • Protagonismo del ayudado • Importancia del mundo emotivo • Relevancia de las actitudes en ayudante • Visión positiva del ayudado • Autonomía del ayudado
Arranz, P., Barbero, J., Barreto, P., Bayés, R.	Un proceso interactivo, en el que, rescatando el principio de autonomía de la persona, se ayuda a esta a tomar las decisiones que considere más adecuadas para ella en función de sus valores e intereses. En otras palabras: es el arte de hacer reflexionar a una persona, empatizando y confrontando, por medio de distintas estrategias comunicativas, de tal modo que pueda llegar a tomar las decisiones que considere adecuadas para ella y siempre teniendo en cuenta su estado emocional. No es hacer algo por alguien; sino hacerlo con él.	• Proceso interactivo • Autonomía del ayudado • Arte de hacer reflexionar • Importancia del estado emocional del ayudado

Barreto, P. y Soler, M. C.	Proceso interactivo basado en estrategias comunicativas que ayuda a reflexionar a una persona de forma que pueda llegar a tomar las decisiones que considere adecuadas para sí misma de acuerdo con sus valores e intereses y teniendo en cuenta su estado emocional.	• Ayudar a reflexionar • Autonomía del ayudado • Importancia del estado emocional del ayudado
Costa, M. y López, E.	Una alianza estratégica entre consultores o consejeros y consultantes que está comprometida con las experiencias difíciles de la vida y que se acerca a ella con la responsabilidad compartida de ofrecer apoyo, potenciación y orientación para el aprendizaje y el cambio cuando los consultantes están haciendo frente a la adversidad, a decisiones difíciles o a problemas personales, interpersonales y grupales que les ocasionan sufrimiento y daño emocional a ellos y a otras personas o grupos de su entorno habitual.	• Alianza • Campo del *counselling*: experiencias difíciles de la vida • Proceso de aprendizaje
McLleod, J.	Diálogo privado, propositivo, originado por la intención de una persona de reflexionar y resolver un problema de su vida y la voluntad de otra persona de ayudar en esa tarea.	• Diálogo propositivo • Intención de la persona de reflexionar • Ayudar a reflexionar
Pascual, L. M. y Morales, Z. E.	Relación interactiva de ayuda en la que el principal elemento es el proceso de comunicación, a través del cual, el entrevistador ayuda a la persona a darse cuenta de cuál es el problema, a comprenderlo desde otro punto de vista y a aportar nuevas soluciones.	• Proceso de comunicación • Ayudar a darse cuenta
British Association for Counselling	Utilización hábil y fundamentada de la comunicación y la relación, con el objetivo de desarrollar el autoconocimiento, la aceptación, el crecimiento emocional y los recursos personales. El *counselling* es una manera de facilitar el cambio o de reducir la confusión.	• Utilización hábil de la comunicación y la relación • Objetivos: desarrollar autoconocimiento, aceptación y crecimiento emocional • Facilitar el cambio o reducir la confusión
Hernández-Pinzón, F. J.	Favorecer su crecimiento psíquico, el propio conocimiento y el razonable dominio emocional de sí mismo, para que sea capaz de resolver sus problemas y actuar de una manera responsable en la vida.	• Favorecer el crecimiento y el propio conocimiento • Aprender a actuar de manera responsable

2

Los presupuestos del *counselling*

Si debo facilitar el desarrollo personal de los que
se relacionan conmigo, yo también debo desarrollarme;
Y si bien esto es a menudo doloroso,
también es enriquecedor.

(Rogers)

Cuando hablamos de presupuestos de *counselling*, buscamos identificar cuáles son los preceptos teóricos que lo sustentan. Nos resulta de especial importancia la identificación de los mismos, ya que esta conceptualización nos posibilita una mejor compresión y, por tanto, una mejor aplicación del mismo.

A continuación, desarrollamos los presupuestos del *counselling*.

Autonomía del ayudado

Este concepto está ligado estrechamente a la idea clave desarrollada por Rogers, en la que hablaba de la importancia de la autoridad de uno mismo y la autodeterminación de la persona.

La autoridad del ayudado y su capacidad de autodeterminación son, según Bozart (2012) la premisa sin precedentes de la actitud no directiva del terapeuta.

Profundizando en esta idea, Wilkins (2015), manifestaba que esta "actitud e intención no directiva tienen primacía, en el sentido de que es un error arrebatar el control del proceso de cambio a la tendencia actualizante de cualquier manera" (p. 9).

De este modo, Wilkins establecía una clara relación entre tres conceptos claves: no directividad, autonomía y tendencia actualizante.

De tal forma que, en la medida que algunos autores apuntan al hecho de que la directividad es inevitable en el marco de la relación terapéutica (Sachse, 2004; Wood, 2008), entendemos que esta premisa puede ir en detrimento del valor que Roger atribuía a la tendencia actualizante. No obstante, desde el papel de agentes salutogénicos, se ha de entender que cierta directividad en pro de la salud, es incuestionable.

De hecho, Rogers (1942) señaló que, en la terapia, la tarea del ayudante no pasaba por inducirlo a hacer algo que el ayudante considerara adecuado, sino que más bien, se trataba de crear el clima adecuado, para que la persona pudiera liberarse para facilitar su desarrollo personal.

Así, Rogers ponía el énfasis (1947) en la actitud de confianza acerca de la capacidad de la persona para la autodirección y, ciertamente, resulta difícil facilitar la autonomía del ayudado, si no es desde la creencia absoluta en su capacidad de autodirección. Si bien, es importante señalar que esta capacidad de autodirección puede verse graduada por posibles psicopatologías o déficits estructurales, en cuyo caso, habrá que conjugar esta visión de confianza con una posible provisión de apoyos.

Este presupuesto alinea el modelo en clave del campo de la bioética, respetando y poniendo en valor uno de los principios fundamentales de la misma, el principio bioético de la autonomía del ayudado.

Para nosotros, este presupuesto sitúa al profesional en el espacio relacional adecuado, evitando los riesgos propios de una actitud paternalista y directiva. Además, sin lugar a dudas, este presupuesto está estrechamente ligado con el concepto de respeto planteado por Rogers.

Por otra parte, este concepto de autonomía en el ayudado, está íntimamente relacionado con el concepto de no directividad. En este sentido Ackerman 2020, como se citó (Trettin, 2021) afirma: "esta relación terapéutica no directiva incluyó a dos expertos, el clínico como experto en las teorías y técnicas de la terapia, y el cliente como el experto de sí mismo" (p. 74).

Visión positiva de la persona

Tal y como recoge Giordani (1997), uno de los principios del *counselling* se traduce en tener un alto concepto del ser humano y una confianza positiva en su fuerza creativa y su tendencia hacia la autorealización.

Este presupuesto es la clave fundamental del modelo de *counselling*. De hecho, recordemos que ya Bozart (2002) señalaba que la aceptación incondicional era el componente distintivo de este enfoque y, como desarrollaremos en el capítulo siguiente, la visión positiva es uno de los componentes claves de la misma.

Compartimos, sin ningún tipo de fisura y de manera plena, la afirmación de Bozart al afirmar el papel destacado que juega la actitud de aceptación incondicional.

En 2021, Trettin sintetiza la idea de Rogers en la que afirmaba de manera contundente lo siguiente:

> *Los clientes tienen dentro de sí importantes capacidades, incluida la capacidad de comprender los aspectos de la vida que están causando angustia y la capacidad de reorganizarse en la dirección de la autorrealización, de tal manera que aumente la comodidad interna. Por lo tanto, la función del clínico es crear un espacio donde estas fortalezas se hagan evidentes para los clientes, lo que lleva al uso efectivo de estas fortalezas* (p. 73).

Relevancia de las actitudes en el ayudante

El modelo de *counselling* considera que el desarrollo de la aceptación incondicional, autenticidad y comprensión empática en el ayudante activan la tendencia actualizante del ayudado, entendida esta como la capacidad natural e innata de autodesarrollo (Martínez Miguélez, 2006).

Rogers sostuvo que la relación entre el terapeuta y el cliente es más importante que cualquier técnica, y que se ubica como la principal fuerza impulsora del cambio terapéutico (O'Farell, 1999; Tudor, 2011).

De manera general, hay consenso en relación a las condiciones terapéuticas suficientes planteadas por Rogers, conocidas de manera más coloquial como triada Rogeriana. En todo caso, hay autores que plantean que Rogers, en realidad, definió seis condiciones, introduciendo el concepto de las condiciones perdidas (Tudor, 2011). Estas condiciones perdidas, según Tudor (2011) son las siguientes: el contacto entre ayudante y ayudado, que el ayudado se encuentre en un estado de incongruencia y necesidad de que el cliente perciba y experimente la aceptación y empatía del terapeuta.

Ciertamente, Rogers (1957) postuló que eran seis las condiciones básicas necesarias para que se produjera un cambio constructivo de la personalidad, y las recogía de la siguiente forma:

1. Dos personas están en contacto psicológico.
2. El primero, a quien llamaremos cliente, se encuentra en un estado de incongruencia, siendo vulnerable o ansioso.
3. La segunda persona, a la que llamaremos terapeuta, es congruente o está integrada en la relación.
4. El terapeuta experimenta un respeto incondicional por el cliente.
5. El terapeuta experimenta una comprensión empática del marco de referencia interno del cliente y se esfuerza por comunicar esta experiencia al cliente.

6. La comunicación al cliente de la comprensión empática del terapeuta y la aceptación incondicional se alcanza en un grado mínimo.

Por nuestra parte, es incomprensible y falto de todo rigor científico, hablar de *counselling* sin colocar en un sitio central las actitudes rogerianas, clave fundamental en la relación con el otro, y sin las cuales, el resto de componentes carece de sentido.

Importancia del mundo afectivo

Rogers(1975) atribuye un gran valor al hecho de que la persona ayudada se sienta entendida y acogida en su mundo emotivo.

Manifiesta que, cuando la persona se encuentra confundida, preocupada, ansiosa, alienada o aterrorizada, entonces se requiere de la comprensión del ayudante. Sigue añadiendo que la compañía suave y sensible de una postura empática, acompañada por supuesto por las otras dos actitudes, es lo que proporciona la curación.

Sin lugar a dudas, el mundo emotivo colorea nuestras experiencias de vida y a su vez las condiciona. Es importante, por tanto, en la relación de ayuda, partir del conocimiento y la comprensión profunda acerca del mundo emotivo del otro.

Esta necesidad de comprensión profunda va unida al concepto de presencia en la relación. En este sentido, Woehler et al. (2021) rescatan el concepto de estrategias de desconexión, recordándonos que "a medida que las personas experimentan dolor emocional dentro de sus relaciones, pueden comenzar a desarrollar comportamientos que sirven como mecanismos para protegerse a sí mismos, llamados estrategias de desconexión"(p. 9). Hoy día se hablaría de mecanismos de defensa o de afrontamiento.

Profundizando en este concepto, Gross & Elliott (2017) en una investigación de corte cualitativo, identificaron los desencadenantes que subyacían en los procesos de desconexión del terapeuta en reacción al proceso del cliente difícil: sentirse angustiado por un recuerdo doloroso de la persona ayudada, sobre-identificarse con un sentimiento del cliente, falta de compromiso del cliente, y asumir demasiada responsabilidad por el estancamiento de un cliente.

En esta línea, Cooper & Knox (2018) en una investigación llevada a cabo con terapeutas, respecto a este proceso de desconexión, exploró e identificó cuáles eran las estrategias más habituales de desconexión utilizadas por estos, y que dificultaban la profundidad relacional y, por tanto, la imposibilidad de poder dar acogida al mundo emotivo del ayudado. En su artículo, una vez afrontado internamente el evento de desconexión, identifica como una estrategia adecuada para superarlo, una revelación congruente por parte del terapeuta, después de valorar si la revelación podría ser útil para el cliente.

De hecho, en función de los diferentes nombres que lo compongan, la intervención variará. Por ello, el *counselling* nos invitará a comprender, explorar, reconocer y ayudar a su drenaje, para, en un segundo momento, recorrer otros caminos propios del *counselling*.

Ayudar a pensar

En el *counselling*, partimos de la creencia de que es el ayudado quien cuenta con los recursos suficientes para encontrar las soluciones, si bien el camino para llegar a ello se establece a partir de un diálogo deliberativo. Es por ello, que la tarea del ayudante será la de "ayudar a pensar".

Este presupuesto escapa a aquellos profesionales convencidos de la creencia en que en ellos se encuentra la verdad y la solución a los problemas del otro. Además, este posicionamiento correlaciona con una actitud de humildad, en la que el *counsellor* es un mero facilitador, y el verdadero protagonista es la persona ayudada.

Este presupuesto puede ser desarrollado a través del arte de preguntar. En este sentido, un estudio reciente de Renger (2021) analizaba la utilidad de la pregunta en el diálogo de ayuda, recogiendo que los profesionales de la ayuda utilizan la pregunta para "comprobar su comprensión o para aclarar un problema para el cliente, desafiar al cliente y permitir el proceso de reflexión en el cliente" (p. 1).

Cualquier campo de ayuda

Rogers ya promulgó la amplitud de situaciones en las que podía ser aplicado el *counselling*, existiendo un amplio consenso y acuerdo en la idea de que puede ser llevado a término por diferentes profesionales de ayuda (Segrera, 2008; Rogers, 1997; Carkuff, 1971; Marroquin, 1982).

Este presupuesto, como ya hemos mencionado con anterioridad, dota a las relaciones de ayuda de un cuerpo de calidad, que las enriquece de manera consustancial.

Idea de proceso

Campos (1982) señala el proceso del *counselling* como una serie de etapas por las que la persona ha de pasar, añadiendo que se trata de un proceso único y a la vez múltiple. Es uno, en la medida en que todos pasan por una serie de etapas que son fundamentalmente las mismas; y múltiple, en el sentido de que cada proceso es único y diferente a los demás.

El concepto de proceso nos acerca a otros términos análogos que nos hablan de etapas, fases, tiempos...

En definitiva, tal y como señalaron Bermejo y Martínez (2006), los procesos nunca son lineales y ascendentes. Asimismo, Campos (1982) apuntaba la idea de que además no son líneas continuas ni tranquilos viajes.

Son procesos con baches, estancamientos, momentos de desánimo y momentos de plenitud. Sin lugar a dudas, todos ellos van conformando y tejiendo el proceso de mejora, y todos ellos forman parte del proceso de aprendizaje.

La paciencia del ayudante permite respetar y acompasarse al ritmo del otro, y por otra parte, la paciencia en el ayudado le posibilita recoger desde la serenidad sus posibles retrocesos o baches.

El siguiente cuento, nos ayuda a ilustrar este concepto: No hay que ser agricultor para saber que una buena cosecha requiere de buena semilla, buen abono y riego constante, pero quienes tienen bambú japonés sí que saben del tema.

También es obvio que quien cultiva la tierra no se para impaciente frente a la semilla sembrada y grita con todas sus fuerzas: ¡Crece, maldita sea!

Hay algo muy curioso que sucede con el bambú japonés y que lo transforma en no apto para impacientes:

1. Siembras la semilla, la abonas, y te ocupas de regarla constantemente.
2. Durante los primeros meses no sucede nada apreciable.
3. En realidad no pasa nada con la semilla durante los primeros siete años, a tal punto, que un cultivador inexperto estaría convencido de haber comprado semillas infértiles.
4. Sin embargo, durante el séptimo año, en un periodo de solo seis semanas la planta de bambú crece ¡más de treinta metros!
5. ¿Tardó solo seis semanas crecer? No. La verdad es que se tomó siete años y seis semanas en desarrollarse.

Durante los primeros siete años de aparente inactividad, este bambú estaba generando un complejo sistema de raíces; que le permitirían sostener el crecimiento que iba a tener después de este lapso de tiempo.

Finalmente, queremos subrayar que en esta idea de acompañamiento como proceso, cobra especial importancia la capacidad de celebrar juntos. Celebrar implica focalizar la atención en un logro y pararnos en él con el fin de saborear la victoria conseguida. Celebrar es un ancla que nos permite tomar conciencia del camino recorrido, despertando en nosotros sentimientos de felicidad. Además, permite a la persona fortalecer la visión positiva sobre sí misma.

3

Profundizando en la aceptación incondicional

¿Qué es lo más laborioso?
Lo que parece fácil:
poder ver con los ojos lo que a la vista tienes.
(Goethe)

La aceptación incondicional es una de las condiciones "necesarias y suficientes" que Rogers (1957) identificó como facilitadoras para el cambio en el asesoramiento centrado en la persona.

Este concepto de aceptación incondicional de Rogers (1951) toma cuerpo en dos preguntas que expuso en una de sus obras: "¿Tendemos a tratar a los individuos como personas valiosas o los devaluamos sutilmente por nuestras actitudes y comportamiento? ¿Es nuestra filosofía una en la que prima el respeto por el individuo? (p. 20).

En este sentido, Jayne & Ray (2015) ya indicaban que muchos autores coinciden al afirmar que las tres actitudes señaladas como centrales por Rogers –empatía, aceptación incondicional y autenticidad– se encuentran vinculadas entre sí (Truax y Carkhuff, 1967) e incluso algunos de ellos recogen que deberían considerarse juntas como una metacondición (Mearns & Cooper, 2005;

Mearns y Thorne, 2000; Wilkins, 2010, Bozarth, 1998, 2007; Mearns y Cooper, 2005).

También Hannush (2021) recoge que "estos atributos se compenetran y se superponen entre sí. No existe la aceptación sin congruencia y comprensión empática. La aceptación siempre va de la mano de la autenticidad y la empatía armonizada" (p. 266).

Marvin, Howard y Marika (2012) señalaban en su descripción que Rogers delimitó los efectos de la consideración incondicional positiva de los efectos de la comprensión empática, y acaban concluyendo, en contraposición a los planteamientos de Rogers, que los efectos del respeto positivo incondicional y la empatía no pueden aislarse entre sí en el encuentro terapéutico.

Asimismo, Friere (2007) estimó que la experiencia empática y la aceptación incondicional eran, en última instancia, la misma experiencia.

Por otra parte, tal y como recoge Giordani (1997), aunque Carkuff formula la hipótesis de que las tres condiciones planteadas por Rogers no explicaban por sí solas la efectividad del encuentro, reconoce que, de entre las cualidades con que debe contar un terapeuta de orientación humanista, una de ellas, debería ser la concepción positiva de la persona humana.

De igual modo, Wilkins (2000), siguiendo los planteamientos de Bozarth (1998) dibujó la relación de las tres actitudes de la siguiente manera:

> *La congruencia es un estado interno de preparación del terapeuta que le permite experimentar y comprender al cliente a través de la comprensión empática. Por otra parte, la comprensión empática es la forma en que el terapeuta transmite aceptación incondicional al cliente, y el despliegue de esta aceptación incondicional es el factor curativo.*

En definitiva, el planteamiento de Bozarth (1998) sostiene que la empatía y la congruencia preparan y acondicionan el terreno para un despliegue auténtico de la aceptación incondicional.

Asimismo, Bermejo (2018) reconoce que la empatía es fundamental para alimentar la aceptación incondicional, al tiempo que señala que la autenticidad lo es en la misma medida.

Habitualmente, como observamos, la aceptación incondicional se enuncia siempre en relación a las otras dos condiciones necesarias y suficientes (empatía y autenticidad), pero en esta ocasión, es nuestra intención aproximarnos a ella de manera individualizada con el fin de favorecer un mayor análisis y una mejor comprensión de la misma.

Por otro lado, hay que tener en cuenta que, como ya señaló Bozarth (2002), muchos profesionales e investigadores del modelo de atención centrado en la persona identifican la aceptación incondicional es como el componente distintivo de este enfoque.

En la misma línea, y de manera más contundente, Bozarth y Wilkins (2001) han afirmado que la aceptación incondicional es el factor curativo en la terapia centrada en la persona.

Igualmente, del mismo modo argumentativo, Bohart & Watson (2020) afirman que el proceso de cambio es movilizado por la calidez y aceptación del terapeuta centrado en la persona.

Es posible que, quizás en parte, esto pueda ser debido a que en los últimos años ha habido un número creciente de investigaciones relacionadas con la actitud de la empatía, y como consecuencia de ello, ha podido quedar minimizada la fuerza y el valor de la aceptación incondicional.

Finalmente, resulta necesario clarificar que a lo largo del texto se utilizarán de manera indistinta los conceptos de aceptación incondicional y consideración positiva, ya que partimos de la base de que ambos dos definen la misma idea.

Aproximación al concepto

Un número importante de palabras aglutinan el constructo de aceptación incondicional presentado por Rogers. De hecho, diversos autores, para aludir a esta actitud han empleado palabras como: Aceptación incondicional, consideración positiva, respeto, aceptación incondicional y cálida...

También Farber, et al., (2018) coinciden al afirmar que existe una variedad de términos que pueden inducir a una falta de claridad, ya que, entre los conceptos análogos a aceptación incondicional, ellos incluyen los términos de afirmación, respeto, calidez no posesiva, apoyo, validación y valoración.

Rastreando en los inicios de su uso, y en el hecho de cómo lo identificó Rogers al definirlo, Farber & Doolin (2011) señalan que Rogers, en sus primeros escritos utilizó el término de calidez no posesiva.

Del mismo modo, ya Rogers en sus comienzos, vinculó este constructo a términos tales como valoración y calidez (Wilkins, 2000). Con posterioridad, Carkuff introduce un nuevo término para referirse al concepto de aceptación incondicional promovido por Rogers, acuñando el concepto de respeto.

Por otra parte, se recogen también como términos clave que quedan subsumidos en el concepto de aceptación incondicional los siguientes: afirmación, preocupación, interés, apreciación, valoración y calidez (Hannush, 2021).

Tal y como hemos visto, para algunos autores esta profusión de conceptos análogos a aceptación incondicional inducen a una falta de claridad. Nosotros, sin embargo, estimamos que el hecho de contar con tantos términos diferentes para hablar de ella, puede ser signo del gran contenido que la habita y de los matices que la envuelven, dotándola de esta manera de una gran riqueza y valor.

(Orlinsky et al., 1994) como se citó en Farber et al., 2018 agrupan los conceptos de aceptación, calidez no posesiva o consideración bajo la categoría de afirmación del terapeuta.

Figura 1. Conceptos análogos de la aceptación incondicional.

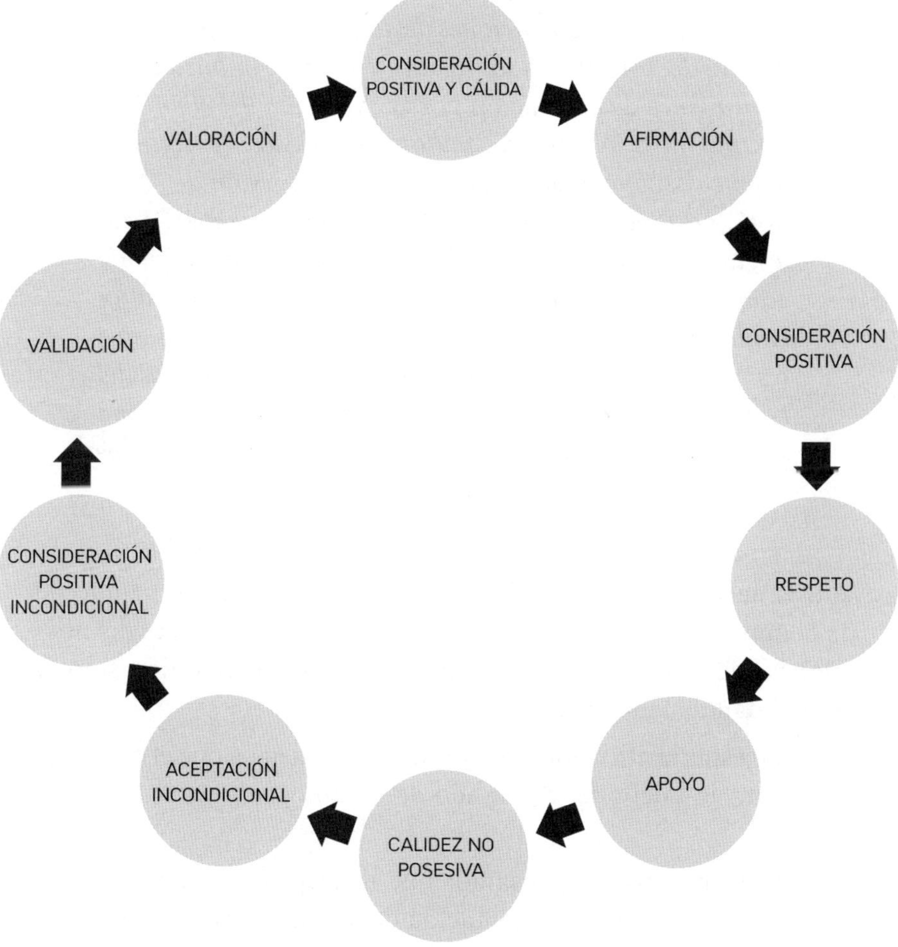

Entrando ya en la búsqueda de definiciones conceptuales, en su artículo de 1957, Rogers dibuja el concepto de aceptación incondicional de la siguiente manera:

> *En la medida en que el terapeuta se encuentre experimentando una cálida aceptación de cada aspecto de la experiencia del cliente como parte de ese cliente, está experimentando una aceptación incondicional. Esto significa que no hay condiciones de aceptación, ningún sentimiento de "Me gustas solo si eres así o no". Implica tanto sentimiento de aceptación por la expresión del cliente de sentimientos negativos, "malos", dolorosos, temerosos, defensivos, anormales en cuanto a su expresión de "buenos", positivos, maduros, confiados, sentimientos sociales, tanto aceptación de las formas en que es inconsistente como de las formas en que es consistente. Significa un cuidado por el cliente, pero no de una manera posesiva o simplemente para satisfacer las propias necesidades del terapeuta. Significa cuidar al cliente como una persona separada, con permiso para tener sus propios sentimientos, sus propias experiencias* (p. 829).

Con el deseo de clarificar el concepto, Giordani (1997) señala que la aceptación incondicional no se refiere solo al contenido de la comunicación del cliente, sino a la entera personalidad del mismo; es decir, que no solo se acepta lo que la persona dice, sino la globalidad de la misma.

Con esta clarificación de Giordani, entendemos que el concepto de aceptación debe ser entendido desde una perspectiva amplia e integral.

También nosotros pensamos que la aceptación incondicional va mucho más allá de la aceptación de lo que la persona necesitada de ayuda relata. Esta aceptación incondicional se traduciría en una aceptación plena de todo lo que en el otro habita, sin ningún juicio de valor hacia ello.

En la misma línea, Mearns y Torne (1988) precisan que la aceptación incondicional es la etiqueta dada a la actitud fundamental del consejero centrado en la persona hacia su cliente. Y además, sigue diciendo que el consejero que mantiene esta actitud valora profundamente la humanidad de su cliente y no se ve afectado en esa valoración por ningún comportamiento particular del cliente. Como resultado de todo ello, consideran que esta actitud se manifiesta a través de la aceptación constante y la calidez constante del consejero hacia su cliente.

Como observamos, Mearns y Torne introducen el adjetivo de "constante". Hablar de aceptación constante y de calidez constante presenta un matiz claro y concreto de continuidad en el tiempo. No son actitudes puntuales ante hechos o situaciones específicas, sino que es una constante relacional.

Por otra parte, Brooks & Cochran (2016) apuntan que el respeto positivo incondicional describe la capacidad del consejero de cuidar a su cliente con una cálida aceptación, sin condiciones para esa aceptación, sin ninguna agenda, evitando, de esta manera, las condiciones de valor.

En este sentido, es interesante señalar que Brooks & Cochran no solo hablan de aceptación, sino que añaden el adjetivo de cálida, al definirla. El concepto de calidez, pensamos que invita a entender la aceptación no solo a nivel cognitivo, sino que la envuelve en un manto de cordialidad y afecto enfocado al ayudado.

Sobre esta cuestión, estimamos que la calidez es uno de los atributos importantes de esta actitud. La calidez acompaña el despliegue de esta actitud de manera genuina, y nos acerca al dolor del otro, de una manera respetuosa y envuelta también en un manto de ternura.

Abundando en esta idea, compartimos de manera plena la reflexión de Torralba (2007) sobre la ternura. En un ensayo sobre ella, señalaba que esta es anterior a la comprensión. Es decir, difícilmente se puede comprender al otro, si previamente no ha aparecido la ternura, como actitud que, volviendo a Torralba (2007), sintetiza afecto, dulzura, calor y consuelo.

Bermejo (2017) señala a este respecto que:

> *La ternura es la expresión más serena, bella y firme del respeto y del amor. Es traducción del reconocimiento hacia una persona a la que no se quiere juzgar, sino ayudar. La ternura se muestra en el detalle sutil, en el símbolo (regalo) inesperado, en la mirada cómplice o en el abrazo entregado y sincero. Sin ternura es difícil que prospere la relación de ayuda* (p. 24).

Leyendo el párrafo anterior, resulta significativo el gran valor que Bermejo atribuye al concepto de ternura para el buen uso de la relación de ayuda. También nosotros consideramos que la ternura es el camino a través del cual vehicular el concepto de calidez presentado por Rogers desde sus inicios.

Asimismo, Marroquín (1991) citando a Rogers, define esta actitud de aceptación incondicional en los siguientes términos:

> *Supone un amor por el cliente como es, suponiendo que consideramos la palabra amor como equivalente al término teológico "ágape" y no con su significación usual romántica y posesiva. No me refiero a un sentimiento paternalista, ni sentimental, ni superficialmente social o agradable. Respeta a la otra persona como un individuo distinto, y no lo posee. Es una clase de inclinación que tiene fuerza, pero no es exigente. Nosotros le hemos puesto el nombre de aceptación incondicional* (p. 52).

Por otra parte, tal y como recoge Madrid Soriano (2005), la aceptación incondicional permite confiar en las capacidades del otro para afrontar positivamente sus dificultades.

En esta línea de argumentación, Madrid Soriano (2005) identifica como elemento básico de esta actitud la capacidad de ver los aspectos positivos del otro, más allá de lo que observamos a primera vista, y en definitiva, y si cabe, más importante, más allá de sus dificultades y sus límites.

Con la definición anterior, se amplía el concepto de aceptación incondicional, ya que Madrid Soriano entiende que esta actitud posibilita ver en el otro su parte sana, visión que a través del encuentro, permitirá que también el ayudado descubra ese otro yo lleno de recursos y posibilidades que también habita en él.

En esta línea de reflexión, también nosotros, seguramente, a lo largo de nuestra vida, hemos tenido la gran suerte de encontrarnos con personas que nos aceptaron de una manera incondicional, personas que creyeron en nosotros, vieron nuestras posibilidades y también acunaron nuestras debilidades, permitiéndonos de esa manera, reconocerlas y mejorarlas hasta allá donde nos fue posible.

Bajo su presencia, empezamos, quizá, a pensar y también a experimentar, que aquello que su mirada nos devolvía, también era real, que nosotros también éramos ese otro que se reflejaba en sus ojos.

Es, en definitiva, esta actitud, esta mirada positiva, la que, como apuntaba Marroquín (1991), una clase de inclinación que tiene fuerza, pero no es exigente más allá de las posibilidades de la persona.

Yendo un poco más allá, Ben-eliyahu, Sykes, & Rhodes (2021) realizaron una encuesta de 1.860 jóvenes de 15 años de todo Estados Unidos, en la que encontraron que la percepción positiva de los jóvenes por parte de los adultos que los cuidaban correlacionaba con una variedad de resultados positivos, de tipo personales, escolares y cívicos.

Asimismo, Gottman & Gottman (2018) describieron la aceptación incondicional no solo como la capacidad de reconocer lo que de positivo hay en el otro, sino que incorporaban la capacidad de poder expresar aprecio por los atributos positivos de otra persona.

De esta manera, poder expresar aceptación incondicional se traduce en el adiestramiento para reconocer el mundo en busca de cosas para sorprenderse, y además explicitarlo en la relación con el otro.

Por otra parte, Bermejo (2011) identifica cuatro líneas sobre las que cabe desarrollar esta actitud de ser capaz de aceptar de manera incondicional al otro:

- Ausencia de juicio moralizante. Es este uno de los puntos de partida más sanos para el *counselling*: la evitación de la moralización. En efecto, una de las tendencias fáciles en las relaciones interpersonales es la de etiquetar o emitir juicios no de valoración, sino moralizantes de la persona. Cuando actuamos así, perdemos capacidad de ayudar y confianza. En cambio, cuando se siente acogido incondicionalmente, sin ningún juicio moralizante sobre su conducta, incluso cuando exista una relación natural y directa entre esta y su estado de sufrimiento o crisis, se genera la confianza necesaria para que la relación sea eficaz.

  En cambio, sentir que alguien moraliza sobre uno, hace perder la confianza y, en palabras de Rogers, lo único que vehicula es la manifestación de la propia inmadurez del que juzga.

  La ausencia de juicio moralizante no significa la aprobación de la conducta como buena, sino la acogida incondicional de su persona, aunque la conducta sea susceptible de ser confrontada porque vaya contra la salud o tenga repercusiones negativas sobre uno mismo o sobre terceros.

- Acogida incondicional del mundo de los sentimientos. Este es otro de los significados que tiene esta actitud. Los sentimientos constituyen el modo más íntimo de reaccionar ante los estímulos que nos vienen de fuera y de dentro de uno mismo. En sí, no son ni buenos ni malos moralmente. Adquieren una connotación moral cuando se traducen en conducta éticamente valorable.

  Una tendencia frecuente suele ser la de exhortar a evitar emociones negativas, como si estas reflejaran debilidad o tuvieran una connotación ética negativa. La acogida incondicional de los sentimientos y significados de la persona a la que se quiere ayudar, genera libertad, seguridad, permite drenar libremente, genera bienestar. No significa aprobar o actuar pasivamente ante comportamientos agresivos, por ejemplo, o ante cualquier sentimiento que suponga displacer, sino comprenderlos y acogerlos acompañando a manejarlos lo más sanamente sin moralizar sobre ellos.

- Aceptación incondicional. Aquí se apoya uno de los pilares fundamentales, en la consideración de que la persona a la que se pretende ayudar no es solo depositaria de dificultades, sino que tiene recursos para afrontar la adversidad. «Creo en ti» sería uno de los puntos de partida de toda forma de *counselling*. Creo que tienes posibilidades para crecer, para identificar tus dificultades y tus recursos, para ponerlos en marcha, para despertar «el curador interior», para adoptar conductas saludables, para integrar los límites, para vivir sanamente lo que no se puede cambiar.

  La visión positiva de la persona es, en el fondo, el reconocimiento de que el protagonismo en el proceso de *counselling* está centrado en la persona del ayudado. Él es el que ha de conducir su vida con autonomía; valorando, sí; dejándose confrontar, sí; pero, en el fondo, la persona tiene posibilidad de tender hacia el bien, crecer y decidir en sintonía con su propia escala de valores, confrontando en ocasiones con la del *counsellor.* Dice Seligman: «En el fondo me preocupa este exclusivo énfasis en descubrir déficits y reparar daños. Como terapeuta, veo pacientes para quienes el modelo de enfermedad es aplicable, pero también pacientes que mejoran de forma notoria bajo una serie de circunstancias que no encajan en el modelo de enfermedad. Presencio crecimiento y transformación en estas personas cuando se dan cuenta de lo fuertes que son en realidad».

La confianza en los recursos del ayudado es una disposición que va contra el paternalismo en las relaciones de ayuda.

- Cordialidad o calor humano. Finalmente, esta actitud supone una relación afable y cálida. La ausencia de este aspecto de esta actitud genera distancia y, con frecuencia, lamentación por deshumanización.

Además Bermejo (2016) señala:

> *Quizás el camino para desarrollar realmente la aceptación incondicional de la persona a la que queremos ayudar sea interconectarla con la empatía. A través de ella, a través de la captación del mundo subjetivo profundo de la vivencia de la otra persona, de sus impulsos secretos, de sus sufrimientos y de las heridas que están en el origen de sus conductas reprobables, podamos aumentar nuestra posibilidad de omitir juicios moralizantes sobre la persona* (p. 28).

Por otra parte, Barreto et al. (2010) en el artículo que describía como el *counselling* era un elemento facilitador que posibilitaba un mejor acercamiento y acompañamiento a personas que sufren, recogían la idea de que la aceptación incondicional era la actitud a través de la cual se acepta sin juicios de valor y sin reservas la biografía de la otra persona, su estilo de vida y sus comportamientos.

En este sentido, consideramos que esta aceptación sin juicios permite al ayudado empezar a reconocerse con una nueva mirada en la que también él deja de enjuiciarse, y por tanto, de tener la necesidad de autoengañarse, para, de esta manera, poder iniciar un camino de autoaceptación.

Asimismo, Corey (2001) apuntaba que la aceptación incondicional implicaba dos elementos. Por una parte, esta actitud permitía que los terapeutas expresaran un verdadero cuidado y preocupación por el cliente; y, además, tenían la capacidad de mirar al cliente y su historia sin juzgarlos.

En la medida en que desde nuestras profesiones de ayuda, ofrecemos una mirada que invita, nos encontramos como respuesta que las personas se acercan deseosas de ser escuchadas y acompañadas.

Acompañando a diferentes personas nos hemos dado cuenta de que existe un denominador común en todas ellas, y es la necesidad de sentirse reconocidas y valoradas por los otros.

Esta necesidad emerge de diferentes maneras; a veces de manera sana, buscando espacios y personas que ayuden cubrir esta necesidad, pidiendo ayuda... Pero, en otras ocasiones, aparece en forma de rabia o enfado, y detrás de la rabia y el enfado, detrás de la crítica o el aislamiento hay, en ocasiones, una necesidad no cubierta de sentirse reconocido, valorado y querido.

Es decir, detrás de estas conductas, en muchas ocasiones, nos encontramos con personas que necesitan ser miradas y reconocidas en su unicidad. Necesitan que alguien les reconozca sus valores, que alguien las vea dignas de valor, solo por el hecho de existir. En definitiva, alguien que les acepte de manera incondicional.

Desde otra orientación, aplicando el concepto de aceptación incondicional en el trabajo terapéutico con niños, Jayne & Ray (2015) definen esta actitud como la capacidad de valorar y aceptar todos los aspectos de la experiencia, los sentimientos, los pensamientos, el comportamiento y el juego del niño.

Igualmente, Tilliman (2016) después de recorrer diferentes contenidos que bucean en torno a cómo Rogers y otros autores entienden este concepto de aceptación incondicional, define esta actitud diciendo que:

> *El terapeuta cuida, premia y acepta al cliente. El terapeuta está experimentando una actitud positiva hacia el cliente, en la que independientemente de lo que el cliente está pensando, sintiendo o estando en este momento, el terapeuta acepta a todo el cliente incondicionalmente, en lugar de aceptarlo en función de condiciones particulares.*

En conclusión, a través de esta actitud, a través de esta mirada, estamos, de alguna manera, abrazando y sosteniendo al otro.

Abrazar es sostener al otro con nuestro cuerpo, rodearlo con nuestros brazos para transmitir nuestra ternura, proveerlo de un hombro sobre el que dejarse cuidar y desde donde rehacerse para seguir caminando con esperanza.

Por eso, cuando la mirada del profesional que ayuda es una mirada que abraza, consigue sostener al otro en sus momentos de duda y debilidad, al tiempo que le infunde fuerza y confianza para hacer frente a las dificultades.

Finalmente, Suzuki (2018) se refiere a los sentimientos cálidos y afirmativos del terapeuta hacia el cliente (aceptación incondicional), independientemente de cómo se comporte o presente el cliente en un momento dado (incondicionalidad).

Resulta de interés el artículo escrito por Behr et al. (2020), en el que reflexionan sobre la dificultad de desplegar esta actitud de aceptación incondicional en aquellos casos en los que se trabaja con clientes que pueden resultar ofensivos, devaluadores, pasivos o desafiantes.

Manifiestan que, cuando el ayudante siente que su aceptación incondicional está viéndose comprometida, es importante desarrollar conceptos clave como empatía, conciencia y autorrevelación.

Es decir, favorecer una mayor comprensión hacia el otro, tomar conciencia de lo que estamos sintiendo y autorrevelar en caso de considerarlo adecuado, y calibrar la posibilidad de riesgo en la ruptura del vínculo ante esta autorrevelación.

Asimismo, indica como adecuado llevar estas situaciones a la supervisión para identificar nuestros puntos débiles o aspectos sin solucionar que nos han reflejado ese encuentro.

Tabla 2. Definiciones de aceptación incondicional.

Autor/es	Definición	Palabras clave
Rogers, C.	"En la medida en que el terapeuta se encuentre experimentando una cálida aceptación de cada aspecto de la experiencia del cliente como parte de ese cliente, está experimentando una aceptación incondicional. Esto significa que no hay condiciones de aceptación, ningún sentimiento de "Me gustas solo si eres así o no". Implica tanto sentimiento de aceptación por la expresión del cliente de sentimientos negativos, "malos", dolorosos, temerosos, defensivos, anormales en cuanto a su expresión de "buenos", positivos, maduros, confiados, sentimientos sociales, tanta aceptación de las formas en que es inconsistente como de las formas en que es consistente. Significa un cuidado por el cliente, pero no de una manera posesiva o simplemente para satisfacer las propias necesidades del terapeuta. Significa cuidar al cliente como una persona separada, con permiso para tener sus propios sentimientos, sus propias experiencias.	• Incondicionalidad • Cuidado por el cliente
Giordani, B.	La aceptación incondicional de la que se habla aquí, no se refiere solo al contenido de la comunicación del cliente, sino a la entera personalidad del mismo.	• Incondicionalidad

Mearns y Torne	La aceptación incondicional es la etiqueta dada a la actitud fundamental del consejero centrada en la persona hacia su cliente. El consejero que mantiene esta actitud, valora profundamente la humanidad de su cliente y no se ve afectado en esa valoración por ningún comportamiento particular del cliente. La actitud se manifiesta en la aceptación constante y la calidez constante del consejero hacia su cliente.	• Incondicionalidad • Calidez
Suzuki, J. Y.	Se refiere a los sentimientos cálidos y afirmativos del terapeuta hacia el cliente (aceptación incondicional), independientemente de cómo se comporte o presente el cliente en un momento dado: incondicionalidad.	• Sentimientos cálidos y afirmativos hacia el cliente • Incondicionalidad
Marroquín, M.	Supone un amor por el cliente como es, suponiendo que consideramos la palabra amor como equivalente al término teológico “ágape” y no con su significación usual romántica y posesiva. No me refiero a un sentimiento paternalista, ni sentimental, ni superficialmente social o agradable. Respeta a la otra persona como un individuo distinto, y no lo posee. Es una clase de inclinación que tiene fuerza, pero no es exigente. Nosotros la hemos puesto el nombre de aceptación incondicional.	• Amor • Respeto
Brooks & Cochran	El respeto positivo incondicional describe la capacidad del consejero de cuidar a su cliente con una cálida aceptación, sin condiciones para esa aceptación, sin ninguna agenda.	• Cuidado por el cliente • Incondicionalidad
Madrid Soriano, J.	La aceptación incondicional permite confiar en las capacidades del otro para afrontar positivamente sus dificultades.	• Confianza en las capacidades del ayudado
Bermejo, J. C.	Las cuatro líneas por las que cabe desarrollar esta actitud en el *counselling*, a mi juicio, son las siguientes: Ausencia de juicio moralizante, Acogida incondicional del mundo de los sentimientos, Aceptación incondicional y Cordialidad o calor humano.	• Ausencia juicio moralizante • Acogida incondicional del emotivo • Aceptación incondicional • Cordialidad o calor humano

Barreto, Díaz, & Saavedra	La aceptación incondicional resalta la importancia de aceptar, sin juicios de valor y sin reservas la biografía de la otra persona, su estilo de vida y sus comportamientos.	• Incondicionalidad
Corey, G.	La aceptación incondicional significa que los terapeutas expresan un verdadero cuidado y preocupación por el cliente y ven al cliente y su historia sin juzgarlos.	• Expresión de cuidado y preocupación por el cliente • Incondicionalidad
Jayne, K. & Ray, D. C.	Valorar y aceptar todos los aspectos de la experiencia, los sentimientos, los pensamientos, el comportamiento y el juego del niño.	• Reconocimiento • Incondicionalidad
Suzuki, J. Y.	Se refiere a los sentimientos cálidos y afirmativos del terapeuta hacia el cliente (aceptación incondicional), independientemente de cómo se comporte o presente el cliente en un momento dado incondicionalidad.	• Sentimientos cálidos y afirmativos hacia el cliente • Incondicionalidad

Componentes integradores de la aceptación incondicional

Diversos autores, con objeto de buscar una mejor comprensión del concepto, y con el deseo de favorecer un mayor entendimiento que eliminara la confusión y ambigüedad en la que se encuentra, quizá por el número variado de palabras que se utilizan para nombrarlo, han examinado los diferentes componentes que a su juicio integran el concepto Rogeriano.

En primer lugar, Cormier & Cormier (1994) y Goldstein & Myers (1986) identificaron que el concepto de aceptación incondicional estaba integrado por los siguientes componentes:

- *Compromiso hacia el cliente.* El ayudante manifiesta un interés genuino en su deseo de ayudar. Además, su preocupación hacia el otro es sincera. Existe un interés real hacia la persona que se desea ayudar.

- *Esfuerzo por comprender.* El ayudante revela este esfuerzo de diferentes maneras, destacando entre otras: escuchando atentamente y haciendo preguntas para lograr alcanzar la visión del ayudado sobre sí mismo y sus problemas. Además, realiza el ejercicio a lo largo del diálogo de constatar si las impresiones que ha obtenido son acordes a lo manifestado por el ayudado.
- *Actitud no valorativa.* Es importante que la persona ayudada perciba que se le acepta incondicionalmente como persona, sin emitir ningún tipo de juicio sobre sus pensamientos, sentimientos y conductas.

Por otra parte, Eckert et al. (1988) realizaron una investigación a través de medidas de autoinforme sobre una muestra de setenta y siete clientes que buscaban tratamiento en una clínica ambulatoria. En ella, se midió la aceptación incondicional a través de cuatro elementos: calidez, aceptación, respeto e interés. Entre otras consideraciones, concluían que entendían que estas medidas actuarían de manera unánime, pero, sin embargo, en este estudio, la calidez y el respeto generalmente parecían tener mayor relevancia que la aceptación y el interés.

A nuestro juicio, este resultado pudiera deberse a que es difícil visualizar la calidez sin que aparezcan implícitamente la aceptación y el interés.

Asimismo, Lietaer (2001, p. 88) ve la aceptación incondicional como un concepto que aglutina varios componentes interrelacionados: aceptación incondicional, no directividad e incondicionalidad.

- *La aceptación incondicional:* a través de ella, el ayudante cree en el crecimiento y potencial del cliente.
- *La no directividad* o el centrarse en el cliente: tiene su traducción operativa en una actitud de no manipulación, e implica el respeto del consejero por el cliente aceptando que vive la vida de acuerdo con su propio marco de referencia.

- *La incondicionalidad:* se caracteriza por la persistencia del consejero en su aceptación del cliente. En ningún momento del encuentro se imponen condiciones a la valoración del cliente y se aceptan todos y cada uno de los elementos del cliente.

Del mismo modo, Suzuki & Farber (2016) investigaron la aceptación positiva incondicional (API) en la relación psicoterapéutica, tratando de identificar sus principales componentes, determinando tres: las declaraciones de apoyo/cuidado, capacidad de respuesta única, y revelación, apertura, intimidad. Estos componentes fueron definidos de la siguiente manera:

- *Declaraciones de apoyo / afecto:* consisten en breves y valiosas declaraciones del terapeuta que expresan calidez, aliento, aceptación y tranquilidad, entre otros sentimientos de apoyo, hacia el cliente.
- *Capacidad de respuesta única:* consiste en comportamientos del terapeuta que incluyen sintonía empática, calidez y aprecio, escucha reflexiva, reformulación, interpretación, flexibilidad, humor y más. Siguen añadiendo que, con el despliegue de este componente, los clientes sienten que reconocen sus puntos fuertes, y les ayudan a pensar de manera diferente sobre las áreas más complejas de sus vidas.
- *Intimidad / divulgación:* consiste en acciones del terapeuta que favorecen la autorevelación del mismo, permitiéndose la manifestación de emociones propias o el autodescrubimiento de datos personales. También implica contacto físico (como una mano en el hombro o un abrazo).

Además, señalaron que los dos primeros factores fueron considerados como más afirmantes y con más probabilidades de ocurrir que el último factor. Finalmente, entre sus conclusiones establecieron la sugerencia de que los clientes de psicoterapia desean que sus terapeutas los ayuden a afirmarse más de lo que aparentemente probablemente hacen.

Sin duda, este hallazgo nos marca un camino claro para el despliegue de la actitud, haciendo un llamamiento a utilizar un mayor número de respuestas que ayuden a los clientes a afirmarse.

En este sentido, nuestra experiencia nos indica que es bastante habitual encontrarnos con ayudantes que utilizan escasas declaraciones de apoyo, reconocimiento y afecto. También nuestra experiencia, alineada con los resultados de esta investigación, nos ha hecho valorar los numerosos efectos positivos que estas tienen en la persona ayudada.

En la misma línea, Bermejo (1998) recoge la necesidad de sentirse aceptado como una necesidad experimentada por todos en cualquier relación interpersonal, si bien considera que esta necesidad es mayor, en quien tiene necesidad de ayuda.

Por su parte, Tilliman (2016) afirmó que Rogers identificó los conceptos de aceptación, apoyo y no juicio o evaluación con la actitud de experimentar una aceptación incondicional.

Más recientemente, Suzuki (2018) señala que el concepto inicial de aceptación incondicional identificado por Rogers, determina de manera implícita dos componentes: la incondicionalidad y el respeto.

- *Incondicionalidad:* Se mantiene una respuesta cálida, afectuosa y positiva hacia el cliente, independientemente de las actitudes o experiencias que pueda tener en la terapia.
- *Respeto:* Incluye actitudes tales como calidez, simpatía y aceptación.

Igualmente, matizó que él considera que, de ambos dos, Rogers subrayó, dotándolo de esta manera de una mayor relevancia, el componente de incondicionalidad frente al componente de respeto. No obstante, enfatiza que ambos están necesariamente ligados, ya que el terapeuta tiene una respuesta cálida, positiva y afectuosa para el cliente, independientemente de las experiencias o actitudes que pueda aportar en la terapia.

En esta misma línea, Sánchez Bodas (2006) señalaba que es importante no confundir los conceptos de aprobación y aceptación. Para ello remarcaba lo siguiente: "aceptar no es lo mismo que aprobar, en tanto lo que se acepta es la experiencia vivida tal cual es, aunque la conducta sea reprobable desde nuestro marco valorativo" (p. 69-70).

A continuación, recogemos de manera sistematizada los componentes que aglutinan el concepto de aceptación incondicional, nombrados por los diferentes autores, descritos con anterioridad.

Tabla 3. Síntesis de componentes integradores de la aceptación incondicional

Autores	Componentes
Cormier, W. y Cormier, L. y Goldstein, A. P. y Myers, C. R.	Compromiso hacia el cliente, esfuerzo por comprender, actitud no valorativa.
Eckert, Abeles, & Graham	Calidez, aceptación, respeto e interés.
Lietaer, G.	Respeto positivo, no directividad e incondicionalidad.
Suzuki, J. Y. y Farber, B. A.	Declaraciones de apoyo/cuidado, capacidad de respuesta única, y revelación, apertura, intimidad.
Tilliman, D.	Aceptación, apoyo y no juzgar o evaluar.
Suzuki, J. Y.	Incondicionalidad y respeto.

Para concluir el análisis de componentes de la aceptación incondicional, una vez realizada la revisión de la literatura científica, y después de un proceso de validación interjueces, en el que se ha contado con las aportaciones de ocho expertos en *counselling* en el Estado español, consideramos que los componentes que la integran serían los siguientes:

Tabla 4. Componentes de aceptación incondicional (elaboración propia)

Componente	Definición
Presencia	Capacidad de estar de manera plena.
Cercanía	Implica el reconocimiento interno en el ayudante de sus zonas sanas y heridas.
Atención	Capacidad de focalizar para identificar los logros, los baches, las encrucijadas.
Visión positiva del otro	Capacidad de creer en las posibilidades del otro.
Refuerzo positivo	Reconocer y devolver los logros, el esfuerzo, los intentos, la capacidad de aprender del error...
Comprensión emocional	Capacidad de comprender posibles satisfactores, miedos, bloqueos...
Ternura/calidez	Actitud que sugiere cuidado, protección y ayuda.
Compromiso responsable	Disposición firme de permanecer al lado del otro, con vigor, dedicación y entusiasmo, más allá de su respuesta.
Respeto	Preocupación porque la otra persona crezca y se desarrolle tal cual es.
Flexibilidad	Capacidad de aceptar diferencias en la percepción de la realidad por parte del otro.
Ausencia de juicio moralizante	Capacidad de aceptar sin juicio a la persona, más allá de sus conductas.

4

Cuando la mirada del otro ayuda a crecer

El alma que hablar puede con los ojos,
también puede besar con la mirada.
(Gustavo Adolfo Becquer)

Seguramente, a lo largo de nuestra vida, hemos tenido la gran suerte de encontrarnos con personas que nos miraron de una manera incondicional, personas que creyeron en nosotros, vieron nuestras posibilidades y también acunaron nuestras debilidades, permitiéndonos de esa manera, reconocerlas y mejorarlas hasta allá donde nos fue posible.

Bajo su presencia, empezamos quizá a pensar que aquello que su mirada nos devolvía, también era real, que nosotros también éramos ese otro que se reflejaba en sus ojos.

Hablaríamos en estos casos, de personas que nos aceptaron de manera incondicional. La aceptación incondicional es una de las actitudes básicas de la tan conocida triada rogeriana. A continuación, desgranaremos este concepto de aceptación incondicional, pretendiendo además instrumentalizarlo con el fin de ofrecer pautas concretas que posibiliten el desarrollo de esta actitud en aquellas personas que buscan ayudar a otros.

Desarrollar en nosotros esta actitud de aceptación incondicional pasa por aprender a mirar al otro, centrándonos en adecuar nuestra mirada al contexto, yendo mucho más allá de las apariencias, identificando las fortalezas para, finalmente, poder ayudar de esta manera a desvelar lo mejor que habita en el otro.

Una mirada que invita

El *counselling* busca crear un clima de encuentro en el que la persona se sienta invitada a entrar. Entrar para explorar sin miedo, para reconocer sin juicios, para aceptar en paz, y construir en libertad, sabiendo que su compañero de camino será alguien que le aceptará de manera incondicional.

En la medida en que desde nuestras profesiones de ayuda, ofrecemos una mirada que invita, nos encontramos como respuesta que las personas se acercan deseosas de ser escuchadas y acogidas.

¡Cuánto dolor nos produce el hecho de sentirnos solos, de pensar que no hay nadie que puede entender nuestro dolor, de no sentirnos valorados o reconocidos! Además, acompañando a diferentes grupos, nos hemos dado cuenta de que existe un denominador común en todos ellos, y es la necesidad que tienen los miembros de cualquier grupo de sentirse reconocidos y valorados por los otros.

Esta necesidad emerge de diferentes maneras, buscando el modo de satisfacerla. A veces de manera sana, buscando espacios y personas que ayuden a cubrirla, pidiendo ayuda... Pero, en otras ocasiones, aparece en forma de rabia o enfado, y detrás de la rabia y el enfado, detrás de la crítica o el aislamiento hay, en ocasiones, una necesidad no cubierta de sentirse reconocido, valorado y querido.

Es decir, detrás de estas conductas, en muchas ocasiones, nos encontramos con personas que necesitan ser miradas y reconocidas en su unicidad. Necesitan que alguien les reconozca sus valores, que alguien las vea dignas de valor, solo por el hecho de existir.

Diversos autores identifican como elemento básico de esta actitud la capacidad de ver los aspectos positivos del otro, más allá de lo que observamos a primera vista, más allá de sus dificultades. Puede servirnos el siguiente ejemplo para ilustrar esta capacidad:

> *María, mamá de Javier, se quejaba de la profesora de su hijo. Su queja era una queja llena de sentido, y claridad. Decía que Marta, la profesora de Javier, solo veía sus defectos, que era lento, despistado... y Javier, cada vez estaba menos motivado en clase.*
>
> *Ante esta situación, María fue a hablar con Marta. Nos contaba que, en resumidas cuentas, le trasladó a Marta, que además de señalarle a Javier lo que hacía mal, le pedía encarecidamente que detectara también todo aquello que Javier hacía bien, y además se lo dijera. En definitiva, le estaba pidiendo, que cambiara la forma de mirar a su hijo, que pasara de una mirada recriminatoria, a una mirada motivadora.*

En definitiva, cuando el profesional de la ayuda es capaz de desplegar una mirada que invita, que motiva, está creando un espacio de seguridad y reconocimiento en el que el otro va a poder dar lo mejor de sí mismo. En este sentido, Carl Rogers señalaba que en la medida en que la persona se siente verdaderamente aceptada por el terapeuta, ella puede comenzar a aceptarse a sí misma.

Es esta cuestión una tarea importante porque cualquier proceso de mejora parte de una actitud serena de aceptación. Se trata de aceptar la realidad, aceptar también los límites y posibles errores. Solo desde esta actitud de aceptación se puede empezar a construir.

En esta misma línea, la Teoría de la aceptación y el compromiso señala que es la evitación y la no aceptación, el elemento que genera mayor nivel de sufrimiento en el individuo.

Una mirada que abraza

En ocasiones dedicamos tiempo a analizar, explorar, buscar técnicas que ayuden al otro, y sin embargo, la magia del encuentro posibilita que, en muchas ocasiones, la chispa que promueve el cambio nazca en el encuentro con alguien que cree profundamente en las capacidades de la persona necesitada de ayuda.

Vanindestael (2005) recoge la siguiente reflexión de uno de sus encuentros:

> *La aceptación fundamental del otro encierra, además, otros aspectos, en particular, el hecho de creer verdaderamente en el valor de alguien. Un joven colombiano educador de calle, él mismo ex niño de la calle, fue interrogado una vez sobre lo que lo había incitado a dejar ese medio. Para él, todo había cambiado con un encuentro: Muchos factores han jugado un rol. Pero yo sentí verdaderamente que cambiaba a partir del día en que un hombre, un educador de la calle, me hizo comprender que creía realmente en mí. Él supo ver mis posibilidades reales, más allá de mis problemas aparentes de comportamiento.*

Al hilo de esta reflexión recogida por Vanindestael, es interesante tomar de nuevo conciencia sobre el hecho de que es verdad que, en el acompañamiento, las técnicas son un elemento de ayuda, si bien, el despliegue de las actitudes básicas es lo que puede ayudar en gran manera para posibilitar el cambio.

También Frankl lo planteaba de la siguiente manera:

> *Hace ya mucho tiempo que he comprendido que lo que importa en la terapia no son las técnicas, sino más bien las relaciones humanas entre el doctor y su paciente, o el encuentro personal y existencial.*

En esta misma línea, un profesor que participaba en uno de nuestros talleres, compartió con nosotros una carta que le había hecho llegar la madre de uno de sus alumnos de 8 años.

> *Quiero empezar agradeciéndole el interés que se toman en que los ideales que inspiran este colegio, formen también parte del día a día. Quiero contarle la experiencia que tuvimos con la actividad de baloncesto en el cole:*
>
> *Nicolás no quería apuntarse a baloncesto. Como era habitual en él, le daba miedo iniciar cualquier cosa nueva. No obstante, acabó accediendo, ante nuestra insistencia.*
>
> *Allí se encontró con un entrenador que se preocupó por hacerle sitio en el equipo, que lo reforzaba por su esfuerzo cuando veía que se enfadaba y azoraba porque algo no le salía (en ocasiones detrás del enfado hay un no saber gestionar la frustración). Además, le reconocía con entusiasmo sus logros, se acercaba a él cuando no iba a ir a entrenar y hablaba con él sobre los motivos que le llevaban a no ir. Era entonces cuando descubría que el motivo había sido algo tan tonto como que un compañero le había dicho "paquete", y entonces, él le hablaba de lo importante que era para él que participara en el equipo, al tiempo que reflexionaba sobre la excesiva importancia que Nicolás le daba a lo que la gente decía.*
>
> *Poco a poco, le fue transmitiendo cercanía y seguridad, que es algo de lo que Nicolás adolece en situaciones nuevas, y eso fue lo que lo enganchó.*
>
> *Dos años después sigue en el basket, y le encanta. Gracias de corazón, por ayudar a Nicolás a crecer en autoestima y seguridad en sí mismo.*

¿Qué ofreció este entrenador a Nicolás? Le ofreció, fundamentalmente, una mirada que lo abrazó.

Una mirada en la que Nicolás encontró:

- Presencia, que evitó que Nicolás se sintiera perdido, y ayudó a que fuera desapareciendo el sentimiento de miedo, creando un espacio de seguridad para él.
- Cercanía, que sirvió de punto de apoyo para que Nicolás se mantuviese, aunque el miedo le invitara a escapar.
- Atención para ver su proceso, que posibilitó ver los momentos de mayor dificultad en los que se encontró Nicolás y actuar ante ellos.
- Refuerzo positivo, que se tradujo en reconocer sus logros, su esfuerzo, su participación... construyendo seguridad en sí mismo.
- Comprensión acerca de sus miedos e inseguridades, recogiéndolas sin juzgarlas.

Son estas las claves de acción, que se traducen en esa mirada que abraza. Solo desde aquí estamos en disposición de ayudar a que el otro inicie un camino.

Sus palabras, de nuevo, nos recuerdan aquello que Rogers conceptualizaba como una de las actitudes básicas de su triada, la aceptación incondicional. Señalaba Frankl lo siguiente:

> *El amor constituye la única manera de aprehender a otro ser humano en lo más profundo de su personalidad. Nadie puede ser totalmente conocedor de la esencia de otro ser humano, si no le ama. Por el acto espiritual del amor, se es capaz de ver los trazos y rasgos esenciales en la persona amada; y, lo que es más, ver también sus potencias: lo que todavía no se ha revelado, lo que ha de mostrarse. Todavía más, mediante su amor, la persona que ama hace posible que el amado manifieste sus potencias. Al hacerle consciente de lo que puede ser y de lo que puede llegar a ser, logra que esas potencias se conviertan en realidad.*

Vemos que Frankl señala que uno de los elementos básicos que posibilitan que la persona transforme sus potencialidades en realidad es el acto espiritual de amar al otro. Y este acto espiritual de amar, del que nos habla, se vehicula, entre otras cosas, a través de los abrazos.

Abrazar es sostener al otro con nuestro cuerpo, rodearlo con nuestros brazos para transmitir nuestra ternura, proveerlo de un hombro sobre el que dejarse cuidar y desde donde rehacerse para seguir caminando con esperanza.

Por eso, cuando la mirada es una mirada que abraza, consigue sostener al otro en sus momentos de duda y debilidad, al tiempo que le infunde fuerza y confianza para hacer frente a las dificultades.

Una mirada que redefine

En ocasiones, parece que uno no ve motivos para la esperanza, parece que no hay camino, que todo es oscuridad. Busca posibles salidas, desea salir de esa oscuridad, pero parece que no encuentra el camino, ni tampoco las fuerzas para seguir buscando.

Una alumna del máster del *counselling*, hablando de los momentos duros por los que estaba atravesando, decía:

> *Tengo la sensación de estar pasando por un sitio muy oscuro. Ahora, me siento como en un lugar de penumbra, pero bastante más claro. Aunque aún hay ansiedad y momentos de tristeza.*

En estas situaciones, cuando buscamos definir la situación, explorar y tomar conciencia del problema, acciones propias de una segunda fase del *counselling*, la logoterapia aporta dos técnicas interesantes: la estimulación de la visión y la derreflexión. Consideramos que ambas técnicas son una manera útil de instrumentalizar la actitud de la aceptación incondicional.

La estimulación de la visión

Cuando una persona se encuentra en una situación de dificultad, tiende a centrar su atención en todo lo relacionado con esa dificultad. La tarea del ayudante, entre otras, consistirá en provocar que amplíe su campo de visión. El uso de esta técnica será útil solo después de haber dedicado tiempo a la creación del vínculo y del desarrollo de la primera fase de acogida y validación.

Algunos ejemplos de posibles preguntas clave, podrían ser: Cuéntame, ¿qué sucede a tu alrededor? ¿Qué ves a tu alrededor? ¿Qué es lo que ves en tu día a día? Son preguntas que buscan identificar en lo cotidiano aspectos que le puedan servir para redescubrir y dar sentido, ya que, como apunta Lukas, (2001) por muy limitadas que sean nuestras condiciones de vida, el sentido se manifiesta constantemente por todos los lugares.

A partir de aquí, construimos un diálogo que ayuda al otro a ampliar su visión y a identificar aspectos que quizá le habían pasado desapercibidos. De la respuesta a estas preguntas, puede surgir algo, aparentemente insignificante, pero que puede convertirse en el motivo para el principio del cambio.

Es decir, en el acompañamiento, lo cotidiano cobra importancia, y es por ello que debemos estar atentos a cualquier aspecto, aparentemente inocuo, y que, sin embargo, puede servir de estímulo para redefinir significados.

Fue justo esto, la estimulación de la visión la que ayudó a María, entre otras cosas, a superar su divorcio. Una alumna del máster de *counselling* compartió el siguiente caso en una sesión de trabajo:

> *María se sumió en la pena cuando su marido la abandonó. Se resistía a aceptar su marcha y lloraba constantemente por la pérdida y por el significado que ella atribuía a esa pérdida. Se había roto el sentido de su vida, que, para ella, era tener una familia estable, y por*

familia estable ella solo entendía familia compuesta por madre, padre y niño.

Fueron muchos los momentos de acompañamiento. Cuando la pena parecía que la iba a arrastrar, me llamaba y pasábamos la tarde juntas. Yo intentaba acompañarla lo mejor posible, sabiendo que no había otro camino que no pasara por atravesar la pena.

También había momentos de confrontación, con el fin de ayudarla a reestructurar determinados pensamientos irracionales o creencias limitantes, y otros momentos de ayudarla a aceptar la realidad, ya que había momentos en que seguía fantaseando con la falsa esperanza de que él volvería.

Un día, hablando de diversas cosas, comentó que su hermana había empezado a ir a clases de salsa. Entonces le planteé que también ella podía probar. En un principio, se mostró reticente, pero después de hablar un rato se decidió a ir. Se trataba de empezar a ver otras realidades, ampliar su campo de visión.

Una propuesta tan sencilla fue el principio de un nuevo camino. En el encuentro siguiente, con cara de felicidad, me dijo: ¡Increíble! ¡En la hora de baile no pensé en Luis! Y lo mejor es que no tuve que obligarme, simplemente ocurrió. Después de estos meses en los que siempre estaba presente. ¡He sido capaz de pasar una hora con la mente en blanco!

Y así, de manera aparentemente sencilla, encontró "algo" que empezó a pintar su vida de manera diferente. Al principio eran pequeños momentos, en que ella sentía que empezaba a emerger una nueva mujer, se sentía diferente, con más fuerza. Y, poco a poco, fue tomando conciencia de lo que ella quería hacer con su vida y de la mujer que quería llegar a ser.

A partir de aquí, me centré en sus progresos, seguían habiendo momentos de pena, pero cada vez eran de menor intensidad y con mayor distancia temporal.

Es posible que en la vivencia de la pérdida de su marido, hubiera también algo de la biografía de María no resuelto. Su madre la abandonó cuando tenía 17 años y su padre nunca se ocupó de ella. Aunque hubo momentos en que hablamos de ese pasado, no fue ese el centro de la intervención.

En este sentido, recordé la idea expuesta por Costa y López, cuando hablan de evitar la búsqueda arqueológica de episodios negativos de la pasada historia personal, exponiendo las posibles consecuencias negativas de esta búsqueda arqueológica, y fue por ello, por lo que me pareció oportuno seguir apoyando el compromiso con la acción y centrar la mirada en el presente.

Ahora, analizando aquella intervención, veo que las claves positivas de esta intervención fueron:

- Respetar el ritmo (a veces pensaba que no avanzaba y no salíamos de ese estado de pena),
- Confiar en ella (tenía la certeza absoluta de que superaría esa situación),
- Cercanía y respeto hacia sus sentimientos (muchas tardes en las que solo escuchaba y validaba su pena),
- Estimular la visión (estaba atenta para ver de qué modo podía sacarla de esa atención plena y negativa hacia su situación de abandono).

También Rogers aplicó el pensamiento de que profundizar, en ocasiones, sobre las causas no conducen a programas de acción efectiva:

> *Debe también mencionarse que, en este concepto de motivación, todos los elementos efectivos existen en el presente. La conducta no es "causada" por algo que ocurrió en el pasado. Las tensiones presentes y las necesidades presentes son las únicas que el organismo trata de reducir o satisfacer. Aun cuando es verdad que la experiencia pasada sirve para modificar el significado que es percibido en las experiencias presentes, sin embargo, no se da una conducta excepto para satisfacer una necesidad presente.*

En el mismo sentido, Frankl señalaba que era precisamente la aceptación y la mirada optimista volcada sobre la persona, una mirada que se concentra en los elementos que favorecen su progreso, más que en las causas de los problemas.

La derreflexión

Pattakos (2005), siguiendo a Frankl, define la derreflexión como un ejercicio que compensa la inclinación compulsiva que tenemos a autoobservarnos.

En ocasiones, la persona está con una atención muy focalizada en el problema, y esta focalización exagerada acaba ampliando la sensación de problema. Es entonces, cuando puede ser útil utilizar la derreflexión, técnica que busca desplazar el centro de atención.

Lukas (2006) amplía el concepto señalando que la derreflexión se traduce en una regulación terapéutica de la atención, pero además, apunta que no basta con no pensar en un determinado contenido, sino que es preciso dirigir la atención hacia otro contenido positivo, lo cual se logra invitando a pensar en hacer lo contrario (intención paradójica) de lo que le dicta su actitud ante la situación, incluso con atmósfera humorística; de tal manera que se logre desviar la atención del problema para, después, volver a él con una actitud nueva.

Una mirada que celebra

Celebrar implica focalizar la atención en un logro y pararnos en él con el fin de saborear la victoria conseguida. Celebrar es un ancla que nos permite tomar conciencia del camino recorrido, despertando en nosotros sentimientos de felicidad.

En este sentido, Eduardo Punset acompaña el principio de la canción de Macaco *Brindo por ti* con las siguientes frases:

> *Las pequeñas celebraciones que llevamos a cabo todos los días, hacen que segreguemos endorfinas en nuestro cerebro que regeneran las células neuronales.*
>
> *La salud de estas células contribuye a la sensación de felicidad vital.*
>
> *Celebrar la vida un poco cada día ayuda a que cada vez más sintamos un mayor estado de felicidad global.*

La capacidad de celebrar, por tanto, correlaciona con la capacidad de reconocer, identificar los aspectos positivos que el ayudado va desarrollando y, además, transmitir esos logros en un tono de optimismo y auténtica alegría.

En este sentido, la idea de celebrar en el acompañamiento se traduciría en identificar los logros, por pequeños que sean, y celebrarlos conjuntamente. Una de las preguntas que el *counsellor* utilizará será: ¿Cómo lo vas a celebrar? ¿Qué vas a hacer para celebrarlo?

De este modo, el logro no pasa desapercibido, y en el acto de celebrar, el ayudado, toma mayor conciencia del éxito, generándose en él sentimientos de confianza y de creencia de posibilidad en el cambio. Estos sentimientos son, sin duda, elementos potenciadores de la visión que tiene en sí mismo, y, por tanto, potenciadores de su autoestima, y de una aceptación de sí mismo.

5

Implicaciones de la aceptación incondicional

... Pero lo que importa no es lo que el hombre
afirma con sus conceptos,
sino lo que cree en su corazón:
es ahí, en la profundidad de su corazón,
de donde brotan sus comportamientos.
(Navarrete)

Antes de proceder a identificar las implicaciones de la aceptación incondicional, es necesario entrar en uno de los temas tratados por diversos autores que, de manera sustancial, apuntan la idea relacionada con la posibilidad de la existencia de una aceptación incondicional plena por parte del ayudante.

En este sentido, Rogers (1996) ya señalaba que la aceptación incondicional completamente incondicional no existía salvo en la teoría. Asimismo, Mearns y Thorne (1988, p. 60) creían que es imposible lograr una aceptación incondicional total, ya que los consejeros son humanos, y tienen límites personales que pueden aparecer en el encuentro con el otro.

De la misma manera, Lietaer (2001) subrayaba que la actitud de aceptación incondicional se podía describir en términos ideales. Seguía explicando que resultaba difícil que en la práctica se pudiera dar una total apertura a la experiencia del cliente.

También nosotros, entendemos que la actitud de aceptación incondicional se traduce en una inclinación, en un deseo y en la intención de desplegarla de una manera auténtica, si bien, también somos conscientes de la posible aparición de límites que pueden condicionar la plenitud de la misma.

Al plantearnos las implicaciones nos disponemos a responder a la siguiente pregunta: ¿Qué acciones implica el despliegue de la misma?

Del análisis de la literatura existente, concluimos que las implicaciones serían las siguientes:

Reconocimiento de la autonomía del cliente

Diversos autores (Tilliman, 2016; Wilkins, 2000) coinciden al destacar que la aceptación incondicional es un reconocimiento a la autonomía del cliente. Este reconocimiento a su derecho a la autonomía tiene diversas implicaciones. Entre ellas, la idea de que el cliente elige los contenidos a trabajar, el ritmo de su proceso.

De la misma manera, Giordani (1997) señala que la aceptación incondicional se traduce en el reconocimiento del derecho que cada uno tiene para tomar sus propias decisiones.

Este presupuesto alinea el modelo con el campo de la bioética, respetando y poniendo en valor uno de los principios fundamentales de la misma, el principio bioético del respeto de la autonomía del ayudado.

Para nosotros, este presupuesto sitúa al profesional en el espacio relacional adecuado, evitando los riesgos propios de una actitud paternalista y directiva. Además, sin lugar a dudas, este presupuesto está estrechamente ligado con el concepto de respeto planteado por Rogers.

Tener la capacidad de reconocer la autonomía del ayudado, consideramos que va unido al concepto de humildad, concepto que se presenta como una de los atributos propios del ayudante. En este sentido Martínez Lozano (2016) desarrollaba la siguiente idea:

> *Es justamente la humildad la que hace posible una aceptación y acogida de sí incondicionales. Es la que nos permite no negar absolutamente nada de nuestra verdad, por oscura, desagradable o dolorosa que pueda parecer, y es también la que, paradójicamente, tampoco nos deja instalarnos en la resignación...*
>
> *No en vano, humildad proviene de "humus", que nos habla de nuestra terrenidad. Si el ideal de perfección me exigía verme puro y, en consecuencia, arremeter contra toda impureza en mí y en el mundo, la humildad, más sabia, me pone en contacto con mi condición humana y así, con el reconocimiento de mis limitaciones, hasta poder verlas con humor...*
>
> *¿Comprendes por qué te decía que la humildad es nuestra mejor aliada? Ella es lugar de descanso y de libertad interior; en ella se deshacen los perfeccionismos, sobreexigencias, idealizaciones, orgullos y culpabilidades de todo tipo porque la humildad es el lugar de la verdad.*

Por tanto, poder aceptar la autonomía del ayudado, va íntimamente unido a una figura de ayudante en el que la humildad puede ser reconocida como uno de sus atributos.

Necesidad de autoaceptación del ayudante

Resulta imposible desarrollar y manifestar una actitud de aceptación hacia el otro si de manera previa, el ayudante no ha iniciado un camino de autoaceptación. De esta manera, Rogers (1951) explicaba el vínculo inquebrantable entre la autoaceptación del ayudante y la aceptación de los demás:

> *Cuando el individuo percibe y acepta en un sistema coherente e integrado todas sus experiencias sensoriales y viscerales, entonces necesariamente comprende mejor a los demás y acepta más a los demás como individuos separados* (p. 520).

En la misma línea, Lietaer (1984) desarrolla la idea de que cuanto más se acepta el propio ayudante, sin miedo ni desarrollo de defensas, más receptivo puede ser a todo lo que vive en el otro.

En esta misma línea, Wilkins (2000) señalaba que nuestra capacidad de ofrecer un respeto positivo incondicional hacia el otro, estaba supeditado a la capacidad de autoestima incondicional que habitaba en el ayudante.

Finalmente, introduciendo un elemento previo, Hannush (2021) asevera que "la condición previa para la autoaceptación, coincide May (1958), es la aceptación compasiva de otros esenciales" (p. 262).

Es interesante la apreciación que realiza este autor al afirmar que difícilmente se puede producir la autoaceptación, si no se ha vivido dicha aceptación por parte de las personas que han ocupado un papel importante en nuestras vidas.

Por nuestra parte, también compartimos la idea de la importancia de autoaceptación en el ayudante. Resulta del todo imposible aceptar al otro, si, de manera previa, no hemos realizado en nosotros ese proceso de autoaceptación.

Sabemos también, que este proceso de autoaceptación nunca queda finalizado y se convierte en tarea constante. En definitiva, sabemos que miramos al otro de la misma manera en la que nos miramos a nosotros mismos. De aquí, la necesidad de autoaceptación por parte del ayudado.

Este proceso de autoaceptación nos lleva a asumir con naturalidad y humildad esos momentos de aparente derrota, en los que, también de manera aparente, de poco ha servido nuestra competencia emocional.

Branden (2011) desarrolla esta idea señalando que es esta una de las formas de heroísmo posible:

> *Podemos sentirnos temporalmente derrotados sin definir nuestra esencia como fracaso. Podemos permitirnos sentirnos temporalmente desesperanzados, abrumados, pero conservar la certeza de que, después de un descanso, recogeremos las piezas lo mejor que podemos y comenzaremos a avanzar nuevamente. La visión que tenemos de nuestra vida trasciende los sentimientos del momento.*

En efecto, una de las claves de éxito en estas situaciones pasa por tomar conciencia de la propia debilidad y de la propia vulnerabilidad. Somos conscientes de la dificultad que entraña para muchas personas la vivencia de su propia debilidad. No se lo pueden permitir, no pueden verlo en otros. Incluso en ocasiones los tachan de débiles, utilizando esta expresión como una recriminación hacia el otro, cuando la verdadera debilidad estriba en el no reconocimiento de la misma.

Además, es importante subrayar que vivir con paz esta situación de debilidad requiere una sana integración de los propios límites. Existen algunos elementos capaces de erosionar nuestra autoestima, entre los cuales, podemos citar:

- Atribuciones de significado inventadas por nuestro crítico interno.
- Pensamientos rumiantes llegados de la oscuridad que lanzan mensajes negativos.

En la psicología del trauma, se dice que “el segundo golpe es más fuerte que el primero”, es decir, que la atribución de un significado dada a una experiencia negativa, puede tener más poder de erosionar a la persona que el mismo trauma. Con frecuencia, incluso el mismo recuerdo del trauma puede ser más destructivo que la misma lesión u ofensa recibida. De ahí que cultivar la sana autoestima tenga mucho que ver con aprender a significar los estímulos negativos que nos llegan en las relaciones interpersonales y en las experiencias negativas y de fracaso en nuestra vida.

Los pensamientos rumiantes, por otro lado, nacen de nuestras voces internas, y estas voces son potenciadas por nuestros "demonios" que suben el volumen, generándonos cada vez una mayor inseguridad y haciéndonos sentir cada vez más pequeñitos. Aparece aquí el concepto del crítico interno, un concepto esencial para comprender la autoestima. El crítico interno es el nombre que recibe la voz que todos oímos dentro de nosotros en alguna ocasión. Es un monólogo interno que nos recuerda nuestras debilidades y nuestros defectos.

Este crítico interno sería nuestro *Golum* particular. Recordemos que el "Golum" es ese personaje siniestro que aparece en la película *El señor de los Anillos*, personaje que acompaña a Frodo en su viaje y le susurra al oído toda suerte de mensajes negativos sobre él mismo y sobre los otros. Físicamente es feo, bajito, maltrecho y también su voz es especialmente siniestra.

La cuestión sería: ¿qué hago con mi "*Golum*" particular, con ese crítico interno que erosiona mi autoestima? ¿Cómo lo neutralizo? En términos franciscanos, diríamos: ¿qué hago para controlar el mal que me hace el lobo? ¿Cómo aprendo a darle de comer, a hacerme amigo suyo y que no me deteriore mi persona, evocando la figura del "lobo de Gubbio"?

Con el fin de desentrañar el modo de desactivar nuestro crítico interno, secuenciamos el itinerario que nos llevará a ello, siguiendo para ello a Matthew & Fanning (2010), aunque con algunas adaptaciones propias:

- Conoce a tu crítico:

  La voz crítica de nuestra cabeza que no podemos controlar es nuestro crítico interno.

- Busca el origen de tu crítico:

  El crítico nace de los gestos de desaprobación que nos dirigieron en nuestra infancia.

- Desenmascara tu crítico:

  Con el fin de desenmascarar a nuestro crítico interno, podemos responder a una serie de preguntas que nos llevarán sin duda, a la ansiada respuesta: ¿Cuáles son los temas que se repiten una y otra vez? ¿Qué tono tiene su voz? ¿De quién es esa voz? ¿Es tu voz, es quizá la voz de alguno de tus progenitores...? ¿En qué situaciones aparece? ¿Qué nexo de unión hay entre esas situaciones? ¿Por qué crees que te hace esto tu crítico? ¿Qué motivos le empujan a ello?

Evocando la imagen del lobo de Gubbio, puede iluminarlos su relato:

En la aldea de Gubbio vivía gente orgullosa, por no decir soberbia. Su aldea estaba limpia; las calles, barridas; las casas, recién encaladas; las tejas color naranja de los tejados, bien lavadas; los ancianos eran felices; los niños, disciplinados; los padres, trabajadores. Encaramadas en el flanco de su montaña, las gentes de Gubbio lanzaban su mirada de desprecio sobre los pueblos del valle. Consideraban a "la gente de abajo", sucia y poco tratable.

Ahora bien, he aquí que una sombra, aprovechando la noche, se deslizó en Gubbio y devoró a dos aldeanos. La consternación se adueñó de la población. Dos jóvenes valientes se ofrecieron para matar al monstruo. Armados con espadas, lo esperaron a pie firme. Pero por la mañana sus cuerpos aparecieron despedazados.

El pánico fue total. Se supo que se trataba de un lobo que, por la noche, rondaba por las calles. Para librarse de él, el consejo de la aldea decidió llamar a un santo conocido por su poder de hablar con los animales. Este santo no era otro que Francisco de Asís. Una delegación partió entonces en busca de Francisco de Asís para implorarle que fuese a expulsar para siempre al lobo de su pacífica aldea.

En el camino de vuelta, el santo dejó a los delegados de Gubbio en una encrucijada y se adentró en el bosque, con objeto de hablar con el malvado lobo.

A la mañana siguiente, todos los aldeanos, reunidos en la plaza pública, estaban impacientes por el retraso de Francisco. Viéndolo salir al fin del bosque, se pusieron a gritar de alegría. A paso lento, el santo se abrió camino hasta la fuente y, subido sobre el brocal, increpó a los oyentes: "Gente de Gubbio, debéis alimentar a vuestro lobo". Sin otro comentario, bajó de la fuente y se marchó.

Al principio, la gente de Gubbio se tomó muy mal la cosa. Se enfadaron contra san Francisco. Su miedo al lobo dio paso a la decepción y a la cólera contra aquel santo inútil. Pero después cambiaron de opinión y encargaron a un aldeano que dejase, esa misma noche, una pierna de cordero en su puerta. Y, en adelante, hicieron lo mismo todas las noches.

Desde entonces, nadie en Gubbio murió desgarrado por el lobo. La vida volvió a su curso normal. Por otra parte, esta prueba hizo más juiciosa a la gente de la aldea. Dejaron de hacer alarde de una actitud arrogante y de desprecio hacia los habitantes de las otras aldeas del valle. La presencia del lobo en su bella aldea les había vuelto más humildes.

Neutralizar el poder de nuestro "enemigo", de nuestro mal interior no es fácil, pero ciertamente no es negarlo, ni luchar encarnecidamente contra él, sino más bien aceptarlo, considerarlo como parte de nuestra vida, de nuestro "entorno interior", de nuestro "paisaje personal". Pierde virulencia cuando, en lugar de buscar la perfección (la ausencia del mal, del límite), buscamos el bien que es resultado de la integración del límite.

Para algunos, la voz de su crítico interno, de su "lobo de Gubbio", de su "Golum" particular, suena igual que la de alguno de sus padres. Cuando somos niños, no tenemos capacidad de elaborar de manera sana situaciones de dificultad, a no ser que contemos con algún adulto que nos ayude a dicha elaboración. Ello hace que guardemos en nuestro subconsciente aquellas situaciones que acaban convirtiéndose en cicatrices inevitables.

Clara, acompañada en un proceso de *counselling* en nuestro Centro de Escucha San Camilo, se expresa así:

> *Sé que esta situación tiene elementos de unión con la que viví hace siete años. En ambos casos me he sentido ninguneada, apartada, y es entonces cuando me rebelo, y se despiertan en mí sentimientos que, por su desproporción, me desequilibran, y hacen que cada vez me vaya sintiendo más pequeña.*
>
> *Me preguntas qué me dice esto de mí, cómo son las voces internas, qué me dicen, y empiezo a ver la respuesta. La vez anterior no llegué a verlo, pero sé que lo vivido hace siete años y lo vivido ahora son situaciones que me han transportado, quizá de manera inconsciente, a mi infancia. Infancia de la que apenas tengo recuerdos, y no deja de ser sorprendente que no tenga recuerdos...*
>
> *Ahora sé que no tengo recuerdos porque los tapé, los escondí, quizá eran demasiado dolorosos para mí... Es posible. La pena es que tampoco cuento con nadie que me ayude a rehacer mi historia, ya que mis padres y mis hermanos ya no están aquí.*
>
> *He intentado recordar, pero solo me llega, cuando buceo en mí, un doloroso sentimiento de soledad, y de niña*

pequeña, vulnerable, una niña que buscaba ansiosamente unos ojos que la reconociesen, que la mirasen, que la quisieran... Pero eso no llegaba...

Ahora también sé, aunque me duela decirlo, que mi crítico interno tiene la voz de mis padres. Cuando fui capaz de verbalizar esto, mi herida, tapada durante tantos años, se reabrió y lloré. Lloré con lágrimas que habían permanecido escondidas en mí durante muchos años. ¡Cuánta lágrima escondida sin tener yo conciencia de ello!

Ciertamente, ser invisible en la infancia ha lesionado mi autoestima. Ahora lo sé, estoy segura. Y bueno, ahora... toca empezar a construir, solo que no sé muy bien de qué manera...

En este caso, se la invitó a continuación a que escribiera una carta a sus padres, y la trajera en la sesión siguiente. Esta es la carta que Clara escribió:

Queridos papás, necesito deciros que no me disteis el apoyo que necesité en mi infancia. Para vosotros fui invisible; nunca os parasteis en reconocerme, en mostrarme vuestro cariño. La única persona que recuerdo que en mi infancia me cuidó fue mi abuela, y ella murió cuando yo tenía siete años. ¡Cuánto dolor por su pérdida! Pérdida que además sentí que me fue arrebatada.

Un día desapareció. Días después escuché que estaba muy malita, y murió. No fui al hospital, nadie me llevó, y tampoco fui al funeral. Me apartaron, y como siempre, no me tuvieron en cuenta. Me quedé más sola todavía...

¿Sabes, mamá? De mi infancia apenas tengo recuerdos. De los pocos que guardo, uno de ellos es la imagen de estar acostada, y llorar apegada a la esquela de mi abuela... Y así, noche tras noche, hasta que el dolor fue haciéndose menos intenso...

También se le pidió que, con posterioridad, imaginara qué le dirían sus padres si pudieran leer su carta. Se le pidió que, a la respuesta, le diera también forma de carta, y esta fue su respuesta de su madre:

> *Querida hija, ¡no sabes cuánto me duele escucharte! Ahora, echando la vista atrás, entiendo que tienes razón. Llegaste cuando ya nadie te esperaba. Tenía ya tres hijos, de cuatro, seis y ocho años y pensaba que la familia ya estaba hecha. Entre la crianza y el negocio que tu padre y yo montamos estaba repartida mi atención. Me costó aceptar mi embarazo, y quizá eso también influyó. No sé...*
>
> *Es verdad que cuando tú eras muy pequeña yo andaba muy preocupada con la salud de una de tus hermanas, y estuve años de hospital en hospital, con varias intervenciones quirúrgicas por medio, y casi un año y medio tu hermana hospitalizada.*
>
> *También tengo que reconocer, y esto me hace sentir mal, todavía hoy, que estaba deslumbrada con tu hermana la mayor. Deposité en ella muchas expectativas, y quise vivir a través de ella todas las oportunidades que la vida a mí no me dio...*
>
> *Mientras, tú ibas creciendo y como no dabas ningún tipo de problema, mi atención paró poco, muy poco, en ti.*
>
> *Perdóname, querida hija, sabiendo lo comprensiva que eres, sé que sabrás perdonar mis errores y mis limitaciones.*
>
> *Pero, recuerda también, que ya siendo tú mayor, en más de una ocasión te he mostrado mi reconocimiento. Llegó tarde, sí, pero quédate con eso, por favor. Recuerda también, que al final de mi vida, estando ya hospitalizada era contigo con quien mejor me sentía, y así te lo hacía saber.*

¿Recuerdas cómo te miraba desde mi cama? ¿Recuerdas mis ojos de orgullo hacia ti? ¿Recuerdas cómo te cuidaba y me preocupaba por ti? Me abandoné en los brazos de Dios estando tú conmigo, me dabas seguridad y quería tu compañía en el momento final. Sé que para ti fue un regalo acompañarme hasta el final, te lo debía. No estuve contigo en los inicios de tu vida, pero tú estuviste conmigo al final de la mía.

Gracias por quererme y entenderme, querida hija. Sé feliz. Un abrazo.

En la sesión de *counselling*, compartió cómo se sentía una vez realizado el ejercicio, y curiosamente esas voces internas habían dejado de existir, se sentía fuerte, se sentía querida y valorada. El hecho de pararse y dar nombre la hacía sentirse en paz...

Abandonar el deseo de cambiar al otro

La aceptación incondicional parte de la premisa de no desear cambiar al otro. Esta predisposición particular nos coloca en un marco de relación de aceptación en relación a lo que el otro diga, haga o consiga.

En este sentido, Rogers (1980) manifestaba que abandonar las propias expectativas de cambiar al otro era la forma de relación más satisfactoria y enriquecedora.

Es verdad que, ajustar nuestras expectativas en este sentido, y abandonar el deseo de cambiar al otro, nos libera de obligaciones y rutas prediseñadas que nos alejarían de la no directividad, y nos sitúan delante de él en disposición de transitar por los caminos que él desee recorrer. Sin embargo, resulta necesario aclarar que, este abandono de deseo de cambiar al otro, no es incongruente con un ejercicio de sana confrontación, en caso de considerarlo necesario siempre con idea de promoción de salud.

Nivel de autoestima adecuado en el ayudante

Jayne & Ray (2015) afirman que muchos teóricos contemporáneos han recalcado la relación entre la autoestima y la capacidad de proporcionar aceptación incondicional para los clientes (Bozarth, 2001c; Tolan, 2012; Wilkins, 2010).

También Tilliman, siguiendo a Wilkins (2000) argumentó que proporcionar aceptación incondicional a los clientes tenía como base una autoestima positiva incondicional del propio terapeuta.

De la misma manera, Giordani (1997) citando a Rogers, padre de la psicología humanista, señala que una persona que tiene una imagen negativa de sí misma tiende a percibir toda la realidad bajo una imagen negativa.

Es por ello, que, dado que utilizamos la misma mirada para mirarnos a nosotros mismos y a al mundo que nos rodea, se presenta como necesario contar con una sana autoestima. Recordando que, en esencia, la autoestima tiene que ver con confiar en nuestras capacidades, aceptar de manera sana nuestros límites y en saber –y sentir– que somos merecedores de ser felices.

También Hannush (2021) señalaba la certeza de que "aceptarnos a nosotros mismos requiere que reconozcamos humildemente nuestras limitaciones" (p. 280).

Reconocer nuestras limitaciones y no poner el foco o el problema en el otro requiere, por nuestra parte, recorrer un camino de humildad y de aprender a vivir en paz esos límites.

El siguiente cuento puede ayudarnos a clarificar esta cuestión:

> *Un día se presentó ante un anciano, que tenía fama de ser sabio, un joven con aspecto atribulado, que le dijo de forma apresurada:*
>
> *—Maestro, estoy desesperado; me siento tan miserable que me faltan las fuerzas para emprender cualquier cosa. Pienso que no sirvo para nada y que mi vida es*

un fracaso. En realidad, nadie me escucha ni aprecia la buena intención de mis palabras. Me han dicho que vuestros remedios y enseñanzas son muy especiales. Estoy dispuesto a serviros en lo que necesitéis, pero, por favor, guiadme hacia la solución de mi problema. ¿Qué puedo hacer?

El anciano, casi sin mirarlo, le contestó:

—Cuánto lo siento, muchacho. No puedo ayudarte, ya que primero debo resolver mi propio problema. Quizás después...

Y, haciendo una pausa, agregó:

—Si quisieras ayudarme tú a mí, yo podría resolver mi asunto con más rapidez y, después, tal vez podría ayudarte a ti.

—De acuerdo, maestro –contestó el joven, con un rayo de esperanza-. ¿Qué puedo hacer yo por ti?

El maestro, quitándose el anillo que llevaba en el dedo pequeño de la mano izquierda se lo entregó al muchacho y le dijo:

—Este anillo debe ser vendido para pagar una deuda. Vete al mercado y trata de obtener la mayor suma posible, pero no aceptes menos de una moneda de oro. ¡Vete cuanto antes y regresa con esa moneda lo más rápido que puedas!

El joven tomó el anillo y, apenas llegó al mercado, empezó a ofrecerlo a las gentes que al principio lo miraban con interés, hasta que, llegado el momento en que el joven pedía una moneda de oro, se desencantaban. Algunos reían, otros se daban media vuelta. Tan solo un viejito fue tan amable como para tomarse la molestia de explicarle que una moneda de oro era muy valiosa para entregarla a cambio de ese anillo. Con afán de ayudar, alguien le ofreció una moneda de plata y un cacharro de cobre, pero dado que el joven tenía instrucciones de no aceptar menos de una moneda de oro, rechazó la oferta.

Después de ofrecer su joya a toda persona que se cruzaba en el mercado y sintiéndose abatido por su fracaso, regresó a la casa del sabio mientras se decía apesadumbrado: "Si dispusiera yo de una moneda de oro se la entregaría inmediatamente al anciano".

Entró en la habitación y dijo:

—Maestro, lo siento, no es posible conseguir lo que me pediste. Quizás pudiera conseguir dos o tres monedas de plata, pero no creo que yo pueda engañar a nadie respecto del verdadero valor del anillo.

—Qué importante lo que dijiste, joven amigo –contestó sonriente el maestro-. Debemos saber primero el verdadero valor del anillo. Vuelve al mercado y vete al joyero. ¿Quién mejor que él para saberlo? Dile que quieres vender el anillo y pregúntale cuánto da por él. Pero no importa lo que ofrezca, no se lo vendas. Vuelve aquí con mi anillo.

El joven acudió raudo a un joyero, quien examinó el anillo a la luz del candil, lo miró con su lupa, lo pesó y luego le dijo:

—Muchacho, dile al maestro que, si lo quiere vender ya, no puedo darle más de cincuenta y ocho monedas de oro por su anillo.

—¡Cincuenta y ocho monedas! –exclamó el joven.

—Sí –replicó el joyero-. Ya sé que, con tiempo, podríamos obtener por él cerca de sesenta monedas, pero si la venta es urgente...

El joven corrió emocionado a casa del maestro a contarle lo sucedido.

—Siéntate –dijo este, después de escucharlo–. Tú eres como este anillo: una joya única y valiosa. Y como tal, solo puede evaluarte un verdadero experto.

Y diciendo esto, volvió a ponerse el anillo en el dedo, pero de su mano izquierda.

El muchacho se alejó de la casa sonriendo, mientras una parte muy profunda de sí mismo le decía: "¿Qué haces por la vida pretendiendo que cualquiera descubra tu verdadero valor?".

Así es, encontrar el equilibrio entre nuestra mirada a nosotros mismos y la de los demás, dar con el modo de valorarnos sin pasarnos, superar las heridas que nos deja la historia, acallar las voces enemigas que parlotean dentro de nosotros y erosionan nuestra autopercepción, es un arte difícil de conseguir.

En los últimos tiempos, hemos ido tomando conciencia de la importancia de la autoestima como un elemento que contribuye a manejar de manera más sana las situaciones de dificultad y a vivir con mayor plenitud los momentos cotidianos de la vida.

Hemos encontrado a muchas personas –además de vernos a nosotros mismos en el espejo– que sufren como consecuencia de un modo insano de mirarse a sí mismos. Hemos visto a quien no es capaz de mirar a la cara a otro ser humano, hemos encontrado personas acomplejadas, otras incapaces de decir lo que piensan y lo que sienten, otras a las que la vida les iba bien, hasta que una situación les ha hecho encontrarse con su fragilidad y esta les ha hundido. Hemos encontrado personas fundamentalistas, detrás de las cuales se esconde una gran inseguridad personal.

No falta quien hace de sus traumas del pasado un secreto tesoro que, inconscientemente, les hace daño por no abordarlo aireándolo. También hay quien, bajo la apariencia de éxito, no tolera la mínima confrontación de otro porque le trastoca de tal forma que su imagen se ve más vulnerable de lo que realmente es y se le hace insoportable.

Nuestro puerto de salida quieren ser las palabras de John Powell, cuando habla sobre la idea de que estamos perfectamente equipados para hacer con nuestras vidas cuanto nos propongamos, sin caer en la vana ilusión de que todo es posible y nada depende de los demás y del contexto:

> *Tendemos a aferrarnos a las cosas, incluidas las ideas. Estamos poco dispuestos a abandonar pensamientos tales como: ¿Quién soy yo? Sin embargo, renunciar a algunas viejas ideas es esencial para el crecimiento. Debemos aprender a desprendernos de la imagen estática de quienes pensamos que somos. Si queremos crecer, tenemos que deshacernos del pasado; tenemos que comprender que somos únicos, personas en proceso, siempre en constante aprendizaje, cambio y crecimiento.*
>
> *La única realidad importante es quiénes somos en este preciso momento. No somos quienes éramos, y aún no somos quienes seremos. Y, sobre todo, debemos ser conscientes de que somos quienes queramos ser, y estamos perfectamente equipados para hacer con nuestras vidas cuanto nos propongamos.*

Esta es, por tanto, la idea de partida: "*estamos perfectamente equipados para hacer con nuestras vidas cuanto nos propongamos*". Entonces, si esto es así ¿qué me impide conseguir aquello que tanto deseo? ¿Qué me hace sentirme, en ocasiones, tan pequeño?

6

Efectos del despliegue de la aceptación incondicional

El cielo empieza en la mirada del otro.
(Tim Guénard)

Ya llegando a la parte final, nos parece adecuado dedicar estas páginas a responder a la pregunta de cuáles son los efectos que tiene en la persona ayudada el despliegue de esta actitud.

Consideramos que los efectos que genera el despliegue de esta actitud son los que siguen.

Posibilidad de explorar el propio mundo

Ridge Campbell & Martin (2003) recogen que, en la medida que el ayudante comunica aceptación incondicional y esta es percibida por la persona ayudada, entra en un espacio de seguridad en el que puede sentirse con confianza para explorar todos los aspectos de sí mismo.

Resulta cierto que, cuando nos envuelve un ambiente de seguridad, y percibimos que el otro nos entiende, nos escucha de una manera cálida y acoge sin juzgarnos, nos sentimos invitados a reconocer, explorar y dar nombre a lo que quizá hasta el momento eran aspectos de nosotros que negábamos o escondíamos por temor a ser rechazados.

De esta manera, se consigue crear un clima de encuentro en el que la persona se sienta invitada a entrar en sí misma. Entrar para explorar sin miedo, para reconocer sin juicios, para aceptar en paz, y construir en libertad, sabiendo que su compañero de camino será alguien que le aceptará de manera incondicional.

En sentido inverso, Bermejo (2018) apunta que "cuanto más juzgado se siente el ayudado, menos poder tiene el ayudante de influir positivamente sobre él... Cuando nos juzgan, nos replegamos" (p. 50).

En este proceso de exploración, son las emociones las que fijan nuestra atención y las que ordenan nuestros recuerdos. Son las emociones las que nos hablan de las personas que nos rodean, viviendo sentimientos de seguridad y confort; si son personas por las que nos sentimos queridas, o viviendo sentimientos de ansiedad o inseguridad, en caso contrario.

Vivir de manera sana, pasa por sentir de manera plena, regulando nuestras emociones y siendo nosotros los dueños de las mismas. Pero, además, cuando las emociones nos embargan, nos paralizan, nos desgarran o nos generan un alto nivel de malestar, resulta necesario realizar un trabajo personal para deshacer esos nudos emocionales. Y ese trabajo personal, pasa por transitar un camino que nos permita una sana integración y una sana expresión de nuestro mundo emotivo.

Cuando hablamos de sentimientos, son muchos los conceptos que utilizamos como sinónimos: emociones, afectos, pasiones... Conceptos que, si bien pudieran tener elementos en común, merecen ser acotados en cuanto a contenido. De manera especial, se ha tendido, en ocasiones, a utilizar el concepto de emoción y sentimiento como palabras sinónimas con el fin de facilitar su comprensión, al menos popularmente.

Sin ánimo de ser exhaustivos, después de haber recorrido diversas definiciones y matizando las diferencias entre y unas y otras, esta sería la conclusión a la que llegamos en cuanto a definiciones. Esta definición conceptual será el punto de partida para entrar en el apasionante mundo de los sentimientos.

Conangla (2005) conceptualiza estos términos de la siguiente manera: "Emoción es un estado afectivo que consiste en una activación fisiológica breve que se manifiesta como respuesta a estímulos que alteran nuestra conducta habitual".

Por otra parte, un sentimiento es un estado psíquico complejo que parte de las emociones, pero que es consciente y tiene una duración superior. El sentimiento es una construcción afectiva y cultural.

Define la pasión como un sentimiento de intensidad extrema, y en último lugar señala que un estado de ánimo es un afecto de intensidad media global, generalizado y sin objeto específico. Tiene mayor duración que las emociones y menor intensidad que estas.

En segundo lugar, Lizeretti (2012) define estos conceptos de la siguiente manera:

> *La emoción puede definirse como una experiencia afectiva intensa, pasajera, brusca y aguda, que activa los diferentes subsistemas psicofísicos y proporciona energía vital, constituyendo la fuerza motivadora que guía y orienta los comportamientos humanos.*

Por otra parte, el concepto de sentimiento es culturalmente posterior al de emoción y hace referencia a la experiencia subjetiva de la emoción que perdura más allá de la reacción emocional.

Por tanto, los sentimientos pueden definirse como estados afectivos más duraderos, conscientes, complejos, estructurados y globales que las emociones, pero menos intensos y con menor implicación fisiológica.

El estado de ánimo constituye el clima emocional o la atmósfera interior. Puede entenderse como la tendencia básica de la persona.

Las pasiones se consideran estables como los sentimientos pero intensas como las emociones.

Gimeno Bayón (2006) señala que mientras que las emociones son modos de sentirse afectado por el mundo exterior, el sentimiento es el modo en que nos proyectamos sobre él desde nuestra afectividad.

Greenberg y Paivio (2000), utilizan, sin embargo, ambos conceptos de manera indistinta, de la misma manera que Barbara Okun. También nosotros, optamos por esta línea conceptual, utilizando de manera indistinta los conceptos de emoción y sentimiento.

Bermejo (2011), al plantear la importancia de explorar, acoger y ayudar a tomar conciencia del mundo emotivo en los procesos de acompañamiento en *counselling*, pone de manifiesto lo siguiente:

> *No es posible captar la realidad sin tener en cuenta los sentimientos. Las abstracciones de la inteligencia intelectiva y del razonamiento tienen importancia, pero cuando ellas pierden contacto con los sentimientos, no son consideradas en su complejidad y en su subjetividad. Cuando perdemos contacto con nuestros sentimientos, perdemos a la vez el contacto con nuestras cualidades más humanas, más personales, más íntimas.*

Es decir, los sentimientos son el modo más íntimo de cómo vivimos las cosas que nos acontecen, son la manera con la que contamos, con la que cuenta nuestro cuerpo, para relatar y vivenciar qué significa lo que vivimos y cómo nos afecta.

En este proceso de exploración del propio mundo, la psicología humanista siempre ha destacado el valor adaptativo de las emociones, entendiéndolas como signos que orientan o motivan, que nos informan sobre la realidad que vivimos, que nos ayudan a centrar la atención. Además, es de sobra sabido que los sentimientos son energía, y, por tanto, se trataría de saber aprovecharla, regularla y canalizarla.

Por eso, es necesario dar un paso inicial despojando a los sentimientos de su connotación moral, ya que los sentimientos no son buenos o malos en sí mismos. Los sentimientos emergen en nosotros de manera natural. Es verdad que se pueden controlar, en ocasiones, redirigiendo la atención, o limitando la exposición a las situaciones que lo evocan, pero también es verdad que se puede hacer bastante poco para prevenir la evocación automática de muchos sentimientos.

La cuestión central es: ¿Qué hago con mis sentimientos? ¿Qué hago cuando la tristeza me invade o el miedo me paraliza? Generalmente, como no sabemos qué hacer con esos sentimientos, los tapamos, los escondemos, los negamos...

Y es cuando actuamos de esta manera, tapando, negando, escondiendo, no prestándoles atención, cuando nos condicionan en negativo y nos generan un profundo malestar del que no sabemos salir.

> *Fue precisamente esto lo que le ocurrió a Juan, un joven de 30 años que, en apenas seis meses, había enterrado a dos personas muy significativas para él. Su mujer se quejaba de que en los últimos meses estaba muy irascible, se enfadaba por todo, y cualquier cosa nimia era suficiente para que iniciara una discusión.*
>
> *En el proceso de acompañamiento, Juan fue descubriendo que detrás de la rabia, había un tremendo dolor, había mucha pena... solo que, en lugar de dar salida a esa tristeza y vivirla, no se daba permiso para ello, y lo que salía era esa rabia, mal canalizada, hacia todo y hacia todos. Es decir, Juan intentaba seguir viviendo*

como si no pasara nada, pero ese sentimiento negado iba adquiriendo cada vez más fuerza y salía mal canalizado en forma de rabia desajustada y desproporcionada.

Volviendo entonces a la pregunta inicial: ¿qué hago con lo que siento? La respuesta concreta a qué hacer con los sentimientos pasa por dejarles recorrer su camino natural, dejarles recorrer el proceso completo, el camino de los sentimientos.

Tal y como señala Greenberg L. & Paivio S. (2000), ese camino que nos ayudará a integrar de manera sana nuestros sentimientos, transcurre por los siguientes estadios: emerger, darse cuenta, apropiarse, expresar la emoción y terminar.

Emerger tiene que ver con dejar salir, con desvelar, con centrar la propia atención en mi mundo interior, y situarme en disposición de dejar emerger.

En la medida en que dejamos emerger, podemos empezar a tomar conciencia. Perls (1973) propuso como experiencia auténtica, permanecer en contacto con la emoción y observar cómo evoluciona y hacia dónde, en lugar de escapar de ella buscando alivio al malestar que genera.

Es este autor quien nos aporta la primera clave para tratar con la emoción; ser capaz de tomar conciencia de lo que estoy sintiendo.

Tomar conciencia implica reconocer, mirar de frente sin miedo y sin vergüenza alguna aquello que estoy sintiendo, ya que si en vez de ello, intento negar esa emoción, esconderla, hacer como si nada me estuviera ocurriendo, son dos las consecuencias negativas que aparecen:

- La emoción que intento que desaparezca va adquiriendo mayor intensidad dentro de mí,
- La emoción negada buscará otra salida: casi siempre cuando opto por esta vía, la salida es disfuncional y desadaptativa.

Inicio de camino de autoaceptación

Rogers (1994) señalaba que, en la medida en que la persona se siente verdaderamente aceptada por el terapeuta, ella puede comenzar a aceptarse a sí misma. De esta manera, cualquier proceso de mejora, parte de una actitud serena de aceptación, proceso en el que se acepta la realidad, y también los límites y posibles errores cometidos.

Asimismo, Bozarth, (2002) y Wilkins (2000) también sostienen que la aceptación incondicional ayuda a que el cliente se sienta aceptado, evitando de esta manera que ponga en marcha mecanismos de defensa, dejando, por tanto, que emerjan sus pensamientos y sentimientos.

En este sentido, resulta muy ilustrativa la frase de Rogers (1951) cuando señala: "no podemos cambiar, no podemos alejarnos de lo que somos, hasta que aceptemos completamente lo que somos" (p. 17).

Por tanto, el hecho de aceptar lo que soy, puede ser el punto de partida, según Rogers, para introducir mejoras en uno mismo. Ya que, siguiendo el pensamiento de Rogers, en la medida en que me siento en paz en lo que soy, voy adquiriendo una fuerza interior, nacida de la serenidad y la aceptación, que me puede llevar a introducir aspectos de mejora.

De la misma manera, Wilkins (2000) reconoció que, desde una perspectiva centrada en la persona, la aceptación incondicional estimula la autoaceptación de la persona ayudada.

Por todo ello, estamos plenamente convencidos, y nuestra experiencia así nos lo ha ido mostrando, que estimular la vivencia de sentirse aceptado, se convierte en invitación a iniciar un camino de aceptación. De esa exploración sin miedo, surge la posibilidad de reconocer sin juicios, de aceptar en paz, y de construir en libertad, sabiendo que su compañero de camino será alguien que le aceptará de manera incondicional.

Este camino de autoaceptación pasa por la "integración de la propia sombra". La sombra está formada por todo aquello que hemos arrojado al inconsciente por temor a ser rechazados. Monbourquette (1999) señalaba que constituye "un oscuro tesoro compuesto por los elementos infantiles del ser, los apegos, los síntomas neuróticos y los talentos y los dones no desarrollados". La aceptación e integración de la propia sombra no comporta su eliminación, sino su utilización para fines positivos. Llegar a ser consciente de la propia sombra implica reconocer como presentes y actuales los lados sombríos de la persona y su influjo en la conducta y en la vida moral.

El concepto junguiano de sombra está relacionado con el crítico interno del que hablábamos con anterioridad. "La sombra representa cualidades y atributos desconocidos o poco conocidos del ego tanto individuales (incluso conscientes) como colectivos. Cuando queremos ver nuestra propia sombra nos damos cuenta (muchas veces con vergüenza) de cualidades e impulsos que negamos en nosotros mismos, pero que puedo ver claramente en otras personas".

La capacidad destructiva y erosionadora de la autoestima que tiene la sombra es muy poderosa y es responsabilidad individual luchar por su integración en la personalidad total para conseguir transformar esa misma energía en creatividad.

Cuando este trabajo se realiza, se produce un crecimiento de la confianza en nuestras capacidades reales y la aceptación de las limitaciones que todo ser humano tiene activándose el potencial de desarrollo que hasta entonces no fluía. Se ha dicho que la idea de la sombra de la teoría de Jung podría ser equivalente al concepto de inconsciente de Freud. Sin embargo, la concepción energética de la psique de Jung implica la posibilidad de transformación de lo destructivo en constructivo, de lo instintivo negativo en energía vital que refuerce la autoestima y ayude a crecer y madurar.

El ser humano, dice Jung (1999), "proyecta en un mal anónimo que existe en el mundo todas las manifestaciones que salen de su sombra, porque tiene miedo de encontrar en sí mismo la verdadera fuente de toda desgracia. Todo lo que el ser humano rechaza pasa a su sombra, que es la suma de todo lo que él no quiere, pero debe ocuparse en forma muy especial de estos aspectos, ya que cuando rechaza en su interior un principio determinado, cada vez que lo encuentre en el mundo exterior desencadenará en él una reacción de angustia y repudio".

Hacer las paces con la propia sombra y entablar amistad con ella, constituye una condición fundamental de una auténtica autoestima. No es posible hablar de autoestima sin integración de la dimensión negativa presente en todo ser humano. Es irracional buscar una perfección concebida como ausencia del límite.

Hay personas que consiguen aprovechar la propia sombra como trampolín de desarrollo personal y crecimiento. Es el concepto de resiliencia, es decir, de la posibilidad que la condición humana tiene de crecer con ocasión de la adversidad. El trauma (padecido o generado a sí mismo) puede convertirse en "trampolín" de crecimiento, de refuerzo de una mayor autoestima por los recursos movilizados para el propio desarrollo. El extremo opuesto lo constituye el victimismo, es decir, la actitud de quien se instala pasivamente (con la autoestima probablemente baja), en padecer y sufrir, e incluso sacarle partido al sufrimiento.

Conocer e integrar la propia sombra es sanarse. Supone una apasionante *terapia del límite*, es decir, un proceso de humanización, donde la propia fragilidad se convierte en recurso resiliente, donde lo que desearíamos esconder se transforma en fuente de comprensión de las dinámicas ajenas, hasta que podamos decir serenamente: "nada humano me es ajeno"; ninguna dinámica personal que encuentro con los demás no tiene un eco en mí que me permita ser comprensivo y humano ante ella.

Sentarse ante el telón del propio corazón dispuesto a asistir a la representación realista de nuestro interior, puede producirnos pánico. Solo quien sobrevive a la contemplación serena de las escenas menos agradables, de los recuerdos imborrables que afectan y han construido la propia personalidad, de la tiranía de los sentimientos que, a veces, no se han dejado manejar por la razón, solo ese será un artista en la escucha de la vulnerabilidad ajena.

Tal y como recoge Casas (2010), a veces la propia sombra nos causa temor, y para poder ser socialmente aceptados nos ponemos diferentes "máscaras". Nos armamos de un "personaje" que toma algo de nosotros. Esos "maquillajes" y disfraces sociales que nos ponemos, nos hacen cumplir un determinado rol o función y, a menudo, terminan siendo pesadas armaduras y esclavitudes que nos autoimponemos para que nos acepten o para mostrar aquello que nos gustaría ser, pero que, en realidad, no somos. La sombra inventa caras y máscaras para resguardarse.

Muchas veces, nos ponemos máscaras para tapar la propia realidad, para atraer a la gente, aunque luego descubrimos que nos hemos alejado.

En el evangelio encontramos, muy frecuente, el uso de la paradoja por parte de Jesús. Entre otras, la parábola de la cizaña (Mt 13:24-30) nos confronta con nuestro hipotético deseo de eliminar la dimensión negativa de nuestra vida, de nuestro entorno. Jesús propone no arrancarla, como si cumpliese una función en el equilibrio personal y social.

Aumento de la autoestima en la persona ayudada

Bozarth (1998) argumentó que el desarrollo de aceptación incondicional en el ayudante aumenta la autoestima de las personas.

Ciertamente, sabemos que la autoestima la construimos, en base a nuestra mirada, pero también contribuye a ella la experiencia de cómo nos sentimos mirados por los demás. En este sentido, Bermejo & Martínez (2011) inciden en la idea de que, si no existe esta visión positiva, difícilmente se puede iniciar un proceso de ayuda en el que la persona empiece a creer y confiar en sus posibilidades.

Es por esto que, reconocer las fortalezas y valorar los aspectos positivos, junto con recoger con delicadeza y sin juicio, los límites y las partes más débiles tienen un claro efecto de aumento de la autoestima en la persona ayudada.

Una alumna del máster en *counselling*, mientras presentaba su dificultad relacional y los avances que estaba realizando en su interior, se expresaba así:

> *Tomar conciencia de los elementos que correlacionaban con una baja autoestima me ayudó a entender a mi compañera. Entendí sus reacciones hostiles, y la agresividad que me transmitía con su comunicación no verbal.*
>
> *Ella era rígida, el menor hecho hacía que se pusiera a la defensiva y no era capaz de admitir ningún error, si bien tenía una gran facilidad para pararse en los errores de los demás.*
>
> *Cuando vi qué había detrás de todo eso, muy escondido, dejé de estar enfadada y dejé de sentir rabia contra ella. Me di cuenta, además, de que yo le despertaba esa inseguridad, y dejé también de reaccionar ante sus manifestaciones. Para mí fue un ejercicio liberador: entender que también era importante no solo hablar de mí, de mis sentimientos... sino que también era importante tener en consideración los de ella, atender no solo a los sentimientos que ella desencadenaba en mí con sus palabras y sus actos, sino también a los que yo desencadenaba en ella.*

Así es, la conciencia de lo que despertamos en los demás, nos puede ser útil para trabajar la imagen que tenemos de nosotros mismos. De lo contrario, lo que vemos en los demás y nos molesta, puede ser justamente lo que más difícilmente aceptamos de nosotros mismos. No es así como se construyen relaciones saludables basadas en una sana autoestima. Lo que cada uno de nosotros despierta en los demás puede influir en sus sentimientos y en su conducta, pero no somos responsables de todo cuanto el otro nos devuelve. Podríamos ser más equilibradamente comprensivos ante las reacciones de los demás, que se escapan a nuestro control, aunque surjan de lo que nosotros provocamos en ellos.

Rogers, padre de la psicología humanista, señala que una persona que tiene una imagen negativa de sí misma, tiende a percibir toda la realidad bajo una imagen negativa. Esta imagen tiende a estabilizarse y a volverse rígida. Se encuentran personas que, frente a mensajes positivos (de amor, de estima, de confianza), reaccionan con el rechazo o con una postura defensiva, porque no pueden creerse o aceptar que alguien muestre hacia ellos sentimientos positivos. El mismo fenómeno de rigidez y de incapacidad para recibir un mensaje con su valor real, se encuentra en las personas que tienen una imagen de sí misma positiva, pero irreal.

Quizás sea ya conocido el cuento tan sintético que lo muestra de manera diáfana:

> *Había una vez un anciano que tenía un problema de miopía, pero se consideraba un experto en evaluación de arte.*
>
> *Un día, mientras visitaba un museo con su esposa y algunos amigos, se dio cuenta de que se había olvidado las gafas en su casa y no podía ver los cuadros con claridad. Sin embargo, eso no le frenó en manifestar sus fuertes opiniones. Tan pronto entraron en la galería, comenzó a criticar las diferentes pinturas. Al detenerse ante lo que pensaba era un retrato de cuerpo entero, empezó a criticarlo. Con aire de superioridad dijo:*
>
> *—El marco es completamente inadecuado para el cuadro. El hombre está vestido en una forma muy ordinaria y andrajosa. En realidad, el artista cometió un error imperdonable al seleccionar un sujeto tan vulgar y sucio para su retrato. Es una falta de respeto.*

El anciano siguió su parloteo sin parar hasta que su esposa logró decirle en voz baja:
Querido, estás mirando un espejo.

¿Qué hay detrás de esa extraña proyección y ataque agresivo contra quienes nos muestran nuestros propios puntos débiles? ¿No hay acaso una dificultad de mirarse a sí mismos de manera realista, aceptando que nuestro valor no depende solamente de las capacidades visibles?

Tal y como recoge Branden (2006), la autoestima es una experiencia íntima; reside en el centro de nuestro ser. Es lo que yo creo y siento acerca de mí mismo, no lo que alguien piensa y siente sobre mí. En realidad, nos suele costar mucho construir nuestra propia imagen a partir de nuestros criterios y fácilmente damos valor excesivo a los *imput* que nos vienen de fuera, como si entregáramos todo el poder de mirarnos a nosotros mismos, a la mirada del prójimo.

Branden (2006) identifica seis pilares que sustentan la autoestima. Es un modo de evocar cuanto esta clave de salud relacional (con uno mismo y con los demás) comporta:

- La práctica de vivir conscientemente.
- La práctica de aceptarse a sí mismo.
- La práctica de asumir la responsabilidad de uno mismo.
- La práctica de la autoafirmación.
- La práctica de vivir con propósito.
- La práctica de la integridad personal.

Es decir, que la autoestima comporta conciencia de sí mismo, aceptación de lo que encontramos al mirarnos, responsabilidad en su manejo, expresión saludable de nuestra interioridad, sentido en nuestra vida y autenticidad en la comunicación.

Jesús de Nazaret, referente de profunda humanidad para tantas personas, tal y como refieren los textos bíblicos, se interesó por la imagen que los demás tenían de sí mismo, preguntando a sus amigos: ¿qué dicen de mí?, ¿tú cómo me ves? Pero ninguna respuesta alteró la conciencia de su identidad forjada especialmente por la propia autopercepción y la conciencia de una identidad única y muy particular. (Mt 16, 13-19) En el mismo evangelio (22,34-40) encontramos la quintaesencia del mensaje de Jesús. Tres días le faltaban a Jesús para ir a la muerte. Sus enemigos irreconciliables fariseos, saduceos, herodianos, le han hecho pasar en los atrios del Templo una jornada terrible, agotadora.

Las discusiones han sido interminables. Entre otras, le han propuesto a Jesús una cuestión espinosa: ¿Cuál es el primero y más importante mandamiento de la Ley? La pregunta parece cargada de inocencia, pero era delicada hasta el extremo. Porque los doctores judíos no acababan de resolver nunca el intrincado problema. Ellos habían sumado todos los preceptos de la Ley: 3065 que mandaban algo, y 2048 que prohibían alguna cosa.

Jesús resuelve la cuestión de una vez para siempre. Así, que responde a la primera, sin discurrir, como quien lo tiene pensado desde siempre, y con todo aplomo y autoridad: El primer mandamiento es: El Señor Dios nuestro es el único Señor; por lo mismo, amarás al Señor tu Dios con todo tu corazón, con toda tu alma y con todas tus fuerzas. Hasta aquí, los enemigos podían estar acordes con Jesús. Era un pasaje tomado de Moisés, que todos los judíos recitaban cada día como la primera oración, y aún hoy la repiten con una gran fe. Pero Jesús sigue, sin interrupción, con una segunda parte inesperada: Y el segundo mandamiento es este: Amarás a tu prójimo como a ti mismo. Jesús da un paso más, y cierra para siempre la cuestión tan debatida en las escuelas de los rabinos: No hay ningún mandamiento más importante que estos.

Jesús nos ha dado la clave, y ha hecho fácil, facilísima, toda la ley de Dios. Se ha demostrado un legislador colosal. Le basta una sola palabra: ¡Amarás! Y el criterio: uno mismo. Parece que el amor a uno mismo solo puede ser referente cuando este es saludable, en línea con una sana autoestima.

Evitación de la ruptura del vínculo

Farber & Lane (2001) identificaban la incapacidad ocasional del terapeuta para demostrar niveles mínimos de aceptación incondicional como una de las razones posibles de la ruptura de la alianza.

Hemos de tomar conciencia del hecho de que cuando una persona se encuentra en un proceso de ayuda, muy posiblemente viva momentos de vulnerabilidad, de inseguridad, de sentimientos encontrados... En definitiva, un estado emocional débil en el que cualquier pequeño error por parte del ayudante puede ser causa de ruptura del vínculo.

Es por ello, que el despliegue de esta actitud, favorece el cuidado de la relación y el reconocimiento del otro, aspectos que ayudan al fortalecimiento del vínculo, previniendo también situaciones que pudieran ser consideradas por la persona ayudada de juicio o de falta de calidez por parte del ayudante.

Finalmente, destacar que una investigación reciente llevada a cabo (Barth & Moody, 2019) con una muestra de consejeros de Estados Unidos que buscaba identificar las habilidades de asesoramiento más utilizadas, encontraron que una de ellas era demostrar una aceptación incondicional, junto con otras como: demostrar comprensión empática, alentar en general, alentar el autocuidado y transmitir autenticidad.

Cerrando el libro

Desde hace años llevamos formando en *counselling*, con un programa de máster de formación continuada, título propio de la Universidad Ramón Llull. Tenemos una experiencia reiterada que con gusto compartimos. Nos damos cuenta de lo difícil que es interiorizar la actitud de la aceptación incondicional.

Después de explicar generosamente el significado de la actitud, de insistir en lo importante que resulta para la persona ayudada, sentirse no juzgada de manera moralizante, solemos presentar en el aula una especie de juego. Se trata de una historieta, que reproducimos a continuación, y una indicación paradójica: juzgar quién es más "culpable moralmente" de la muerte de la mujer en la trama.

La historieta es esta:

> *Una mujer joven, casada, cuyo marido pasa mucho tiempo fuera de casa por motivos de viajes de trabajo, se deja enamorar por un hombre que vive en la otra parte del río, comunicada por un puente y un barquero. La mujer, una noche que su marido está de viaje, incitada por el hombre, atraviesa el río y pasa la noche con él. A la mañana siguiente decide volver a su casa antes de que su marido vuelva del viaje. En el puente se encuentra con un loco que le impide el paso,*

amenazándola con matarla. Se dirige al barquero, a quien le cuenta su situación, y éste se niega a pasarla si no es pagando el importe del servicio. La mujer se dirige al amante para pedirle dinero y poder cruzar el río y volver a casa, pero éste se lo niega sin ninguna explicación. Entonces la mujer va a casa de un amigo suyo que vive en la misma parte del río, el cual siempre ha admirado con amor platónico, pero nunca correspondido, a la mujer. Le explica todo lo que le pasa y, defraudado por su comportamiento, le niega el dinero que necesita para atravesar el río. La mujer, muy preocupada por el regreso de su marido, decide intentar atravesar el río por el puente arriesgando la amenaza del loco. En el intento, el loco la mata.

La propuesta siguiente consiste en invitar a los miembros del grupo a ordenar cada uno de los personajes por orden de culpabilidad moral de la muerte de la mujer, y poner al lado el motivo. Por orden de aparición son estos: mujer, marido, amante, loco, barquero y amigo.

Pues bien, aunque el contexto de presentación sea justamente el de profundizar sobre la aceptación incondicional, omitiendo el juicio moralizante sobre la persona (no sobre la conducta), hemos verificado que son realmente muy pocas las personas que consideran que no pueden responder, puesto que de cada personaje se conoce muy poco, realmente muy poco, y porque no sabemos sobre los móviles ni el contexto.

Nos resulta muy gratificante ayudar a los miembros de estos seminarios o grupos de alumnos de máster en *counselling* presentar el cuento que sigue, provocando en ellos una hermosa reacción, como hallando la bondad de mirar a las personas sin juicio. El cuento es este.

Los anteojos de Dios

Este relato nos cuenta lo que ocurrió a un empresario que acababa de fallecer y camino del cielo esperaba encontrarse con el Padre Eterno para asistir a su juicio final, un proceso sin trampas y a verdad desnuda. Él no iba nada tranquilo porque en su vida había realizado muy pocas cosas buenas.

Mientras llegaba al cielo iba buscando en su conciencia ansiosamente aquellos recuerdos de cosas valiosas que hizo en su vida, pero pesaban mucho sus años de explotador y usurero. Había encontrado en sus bolsillos alguna carta de personas a las que había tratado de ayudar para presentarlas a Dios, como créditos de sus pocas buenas obras.

Llegó por fin a la entrada principal, muy preocupado, no lo podía disimular. Se acercó despacio y le extrañó mucho ver que allí no había cola para entrar ni había nadie en las salas de espera. Pensó: "O aquí vienen muy pocos clientes o les hacen entrar enseguida...".

Avanzó más adentro y su desconcierto todavía fue mayor al ver que todas las puertas estaban abiertas y no había nadie para vigilarlas. Golpeó la puerta con el puño. Nadie contestó. Dio una palmada y nadie salió a su encuentro. Miró hacia dentro y quedó maravillado de lo hermosa que era aquella mansión, pero allí no se veían ni ángeles ni santos ni doncellas vestidas de luz.

Se animó un poco más y avanzó hasta llegar a una puerta acristalada. Y nada. Se encontró perfectamente en el mismo centro del paraíso sin que nadie se lo impidiera. "¡Aquí todos deben ser gente honrada! ¡Mira que dejar la puerta abierta y sin nadie que vigile...!".

Poco a poco fue perdiendo el miedo y fascinado por lo que veía se fue adentrando en los patios de la gloria. Aquello era precioso. Como para pasarse una eternidad mirando el mismo lugar.

De pronto, se encontró entre algo que tenía que ser el despacho de alguien muy importante. Sin duda era la oficina de Dios.

Por supuesto que también estaba la puerta abierta de par en par. Titubeó un poquito antes de entrar; pero en el cielo todo termina por inspirar confianza, así que penetró en la sala y se acercó al escritorio, una mesa espléndida. Sobre ella había unos anteojos, que él comprendió debían ser los anteojos de Dios.

Nuestro amigo no pudo resistir la tentación de echar una miradita hacia la tierra con aquellos anteojos. Fue ponérselos y caer en éxtasis. "¡Qué maravilla! Si desde aquí, con estas gafas veo toda la tierra...".

Con aquellos anteojos se lograba ver toda la realidad profunda de las cosas sin la menos dificultad, las intenciones de las personas, las tentaciones de los hombres y de las mujeres. Todo estaba patente ente sus ojos.

Entonces se le ocurrió una idea. Trataría de buscar desde allá arriba a su socio, que sin duda estaría en la empresa donde ambos trabajaban; una especie de financiera, desde donde ejercían la usura y hasta el robo, en muchas ocasiones.

No le resultó difícil localizarlo, pero le sorprendió en un mal momento. En ese preciso instante, su colega, estaba estafando a una pobre anciana que había ido a colocar sus ahorras en aquella empresa, en un fondo de pensiones que no era sino un "camelo".

A nuestro amigo, al ver la cochinada que su socio estaba haciendo le subió al corazón un profundo deseo de justicia. En la tierra nunca había experimentado tal sentimiento. Pero, claro, ahora estaba en el cielo. Fue tan ardiente ese deseo de justicia que, sin pensar en otra cosa, buscó a tientas algo debajo de la mesa para lanzárselo a su amigo (el banquillo donde Dios apoyaba los pies), con tan buena puntería que el banquillo fue a parar a la cabeza de su socio, dejándole tumbado allí mismo.

En ese momento nuestro hombre oyó tras de sí unos pasos. Sin duda era Dios. Se volvió y en efecto, se encontró cara a cara con el Padre Eterno.

—"¿Qué haces aquí hijo?".

—"Pues... la puerta estaba abierta y he entrado".

—"Bien, bien, pero sin duda podrás explicarme dónde está el banquillo en que apoyo mis pies cuando estoy sentado en mi mesa de trabajo".

Reconfortado por la mirada y el tono de voz de Dios fue recuperando la serenidad.

—"Bueno, pues, yo he entrado en este despacho hace un momento, he visto los anteojos sobre la mesa y he caído en la curiosidad de ponérmelos y he echado una miradita al mundo".

—"Sí, sí, todo eso está muy bien; estás siendo muy sincero conmigo, pero yo quisiera saber qué has hecho de mi banquillo".

—"Mira, Señor, al ponerme tus anteojos he visto todo con gran claridad y he visto a mi socio. ¿Sabes, Señor?, estaba engañando a una pobre anciana, haciendo un negocio que era un engaño y me he dejado llevar de la indignación; y claro, lo primero que he encontrado a mano ha sido un banquillo y se lo he tirado a la cabeza.

Lo he dejado KO, Señor. Es que no hay derecho. Era una injusticia.

—"Imagínate que yo, cada vez que veo una injusticia en la tierra comienzo a lanzar banquillos a la cabeza de los hombres; no sé los que quedarían ahora".

—"Perdóname, Señor, he sido muy impulsivo, lo sé...".

—"Sí, claro. Estuvo bien que te pusieses mis anteojos, hijo, pero para mirar la tierra y a los hombres te olvidaste de una cosa, ponerte también ***mi corazón****. La próxima vez que te sientas indignado ante algo que los demás hacen mal, no te olvides, ponte también* ***mi corazón*** *de Padre Bueno y recuerda: solo tiene derecho a juzgar el que tiene poder para salvar.*

Vuelve ahora a la tierra y te doy otros cinco años para que practiques lo que esta tarde aquí has llegado a comprender...".

Y nuestro amigo, en ese momento se despertó, mojado en sudor, observando que por la ventana entreabierta de su dormitorio entraba un espléndido sol.

Hay historias que parecen sueños y sueños que podrían cambiar la historia.

Epílogo

Este libro surgió de la inquietud que nos provocaba ver cómo la aceptación incondicional y la visión positiva del otro, facilitaba procesos de acompañamiento y ayudaba a hacer emerger lo mejor del otro.

Al tiempo que constatábamos esta realidad, veíamos también cómo muchos profesionales de la ayuda adolecían claramente de esta actitud, y con ello se perdían muchas oportunidades de construir encuentros significativos que sirvieran de crecimiento para el ayudado.

Tenemos el convencimiento absoluto de que un buen profesional de la ayuda, ya sea médico, maestro, trabajador social... es aquel que mantiene un espíritu de apertura constante al crecimiento personal.

Hemos incorporado algunos elementos de la logoterapia, pues consideramos que esta disciplina enriquece la aplicación del *counselling*. Es por ello que queremos acabar recordando las palabras de Frankl en las que nos invita a permanecer siempre en camino...:

> *No debemos nunca contentarnos con lo que ya hemos conseguido. La vida nunca cesa de cuestionarnos, no permite que descansemos. Al hombre que se queda inmóvil, la vida lo deja atrás; el hombre que se contenta con aires de suficiencia, se pierde a sí mismo.*

> *No debemos descansar, no debemos contenernos con los logros conseguidos, no con lo que respecta al crear, ni al experimentar; todo nuevo día y toda nueva hora exige nuevas acciones y nuevas experiencias.*

Aceptarse a sí mismo y aceptar a los demás, es el inicio del posible encuentro humano que deseamos sea compasivo, terapéutico, de ayuda.

Algunos materiales para trabajar

Presentamos a continuación algunos materiales que pueden ser de utilidad para profundizar y trabajar las cuestiones desarrolladas a lo largo de los capítulos de este libro.

Material 1. Sobre la ternura

Después de leer el texto de manera individual, compartir aquellas frases o ideas que nos interpelan, o nos hacen pensar...

- Recuerda un momento de ternura vivido en tu vida: familia, amigos, trabajo... Cuenta cómo fue.
- Piensa y comparte diferentes modos de desplegar tu ternura...

Ternura, he aquí una palabra que sintetiza afecto, dulzura, calor y consuelo. La ternura es, ciertamente, una emoción, una fuerza motriz que nos lleva a tratar con cuidado a los demás, con la delicadeza que se merecen.

Somos hijos de la ternura, o mejor dicho, somos el fruto de la ternura que los demás han tenido con nosotros. La ternura está en la base de la alegría, de aquella alegría que se experimenta cuando una persona se da sin esperar nada a cambio.

Expresa el abrazo de la fragilidad, la mirada que nos ofrece seguridad, los labios que nos estremecen con su presencia, la dulce sonrisa que nos fortalece, aquella palabra de aliento que nos es susurrada al oído con absoluta complicidad.

Como virtud que es, se expresa de muchas maneras, tanto en la manera de movernos como en la de hablar. Las palabras tiernas son las que realmente surgen del corazón; aquellas que no filtramos no tamizamos a través de la razón.

Cuando una persona habla con ternura, se expresa con el corazón en la mano y eso, si no confía a ciegas en su interlocutor, es siempre arriesgado. La ternura no es solamente un sentimiento del corazón, sino una excelencia del carácter, un modo de interacción entre los seres humanos que facilita la comprensión mutua. Sentir ternura, lejos de presentar una expresión de debilidad o de falta de coraje, es una muestra de humanidad.

Dar, expresar, acoger y recibir ternura son siempre actos de madurez. La verdadera ternura se conjuga tanto en voz activa como en voz pasiva. No solo es necesario darla, sino que hay que recibirla con espontaneidad y alegría.

Sentimos especialmente la necesidad de ternura cuando nos encontramos inmersos en situaciones frágiles, cuando hemos perdido el control de nosotros mismos y en nuestras vidas aparece el dolor. Es entonces cuando anhelamos, más que nunca, una palabra, una mirada, una sonrisa tierna. Porque es cuando la vamos a agradecer infinitamente.

La ternura no es un sentimiento blando, ni la fácil lágrima que se vierte ante las tragedias de la vida o la derrota del inocente. Es la experiencia de un lazo fundamental, el retorno a las fuentes originales de la vida, a la raíz más íntima de dónde venimos y a dónde vamos.

Material 2. Sobre los componentes de la aceptación incondicional

- Identificar, con una horquilla numérica del 1 al 5 el grado en que consideras que despliegas estos componentes en tu relación con las personas a las que atiendes (siendo el 1 el grado más bajo).
- Identifica cuál crees que debes mejorar, y modos de iniciar ese proceso de mejora.

	Presencia: Capacidad de estar de manera plena.
	Cercanía: Implica el reconocimiento interno en el ayudante de sus zonas sanas y heridas.
	Atención: Capacidad de focalizar para identificar los logros, los baches, las encrucijadas.
	Visión positiva del otro: Capacidad de creer en las posibilidades del otro.
	Refuerzo positivo: Reconocer y devolver los logros, el esfuerzo, los intentos, la capacidad de aprender del error...
	Comprensión emocional: Capacidad de comprender posibles satisfactores, miedos, bloqueos...
	Ternura/calidez: Actitud que sugiere cuidado, protección y ayuda.
	Compromiso responsable: Disposición firme de permanecer al lado del otro, con vigor, dedicación y entusiasmo, más allá de su respuesta.
	Respeto: Preocupación porque la otra persona crezca y se desarrolle tal cual es.
	Flexibilidad: Capacidad de aceptar diferencias en la percepción de la realidad por parte del otro.
	Ausencia de juicio moralizante: Capacidad de aceptar sin juicio de valor.

Material 3. Sobre la presencia

Leer y reflexionar –y compartir, si es el caso– cuanto pueda evocar el siguiente texto:

La intervención más frecuente que realizamos los profesionales sanitarios a lo largo de nuestra vida profesional es la entrevista clínica, o el encuentro terapéutico con nuestros pacientes y sus familiares.

En general, no hemos recibido mucha formación específica para poder afrontar este encuentro con otro ser humano que, junto con su enfermedad, trae consigo su biografía, su manera de percibir el mundo, sus problemas, sus emociones y que, a menudo, viene con sus inquietudes, sus incertidumbres y su sufrimiento.

Esta falta de atención a nuestro mundo interior nos ha llevado a no haber explorado ni profundizado en nuestros propios recursos personales. Como terapeutas a menudo desconocemos el potencial de nuestra presencia.

Se trata de una capacidad que todos podemos reconocer, explorar, cultivar y ponerla al servicio de quienes acompañamos. Quizás solo nos falta algún mapa de este territorio que merece ser más visitado, e indicar un camino que cada uno debe recorrer para poder habitar su propia presencia que, al compartirla, genere mayor profundidad de conexión y eficiencia terapéutica.

En otras palabras, la presencia nos conecta con un grado de conciencia personal y de aquello que nos rodea, y facilita la estabilidad o equilibrio emocional y la capacidad de regular las emociones que surgen en el encuentro, que, a menudo, pueden impactar al terapeuta. También, en la medida que nos conecta con la fuente de nuestra paz interior, a pesar de lo caótico que pueda ser el entorno, nos permite realizar los ajustes en el "aquí y ahora" para permanecer en contacto íntimo con el otro.

La actitud de presencia nos permite que, aunque los contenidos de sufrimiento del otro nos impacten, podamos reelaborarnos para redefinir ese encuentro in situ y transformar la experiencia en ese instante, para mantenernos más cercanos, y menos dispersos o fragmentados.

Interactuar con personas, pacientes y familiares, en contextos que requieren grados elevados de compromiso personal, obliga a gestionar de manera adecuada la implicación de forma que no sea excesiva, lo que aumentaría la identificación, o demasiado desapegada (evitativa), lo que comportaría despersonalización y la posible aparición de procesos de auto culpabilización. Fluir entre estos dos polos, habitando el presente y gestionando el grado adecuado de implicación no se nos enseña en las facultades y debemos aprenderlo de forma autodidacta.

La diferencia entre: protegerse y huir, o luchar y sufrir; o entender, atender y crecer en la relación en el encuentro con el que sufre, reside básicamente en la calidad de la atención y la presencia que el terapeuta aporta a la relación.

Hoy podemos afirmar que la auto conciencia es la plataforma inicial sobre la cual se promueve y constituye la actitud de presencia, en donde el terapeuta puede sostenerse y magnificar su experiencia de confianza, compasión, sabiduría y coraje; habilidades que le permiten profundizar el encuentro terapéutico, y que condicionan en gran manera los posibles resultados de este encuentro.

Estar presente significa que el terapeuta lleva todo su ser al encuentro y que habita completamente el momento presente en múltiples niveles: físico, emocional, cognitivo, relacional, valórico y espiritual.

Supone estar enraizado en la profundidad de uno mismo y al mismo tiempo con el lugar que habita y conectado al paciente, prestando especial atención a la expresión verbal y no verbal de la experiencia del paciente.

La presencia es altamente relacional, la serenidad, confianza y paz interior que aporta el terapeuta al encuentro es percibida por el paciente que, al sentirse escuchado, percibido, entendido, y no juzgado, va naturalmente conquistando una experiencia de confianza; y poco a poco, a medida que su sistema nervioso se adapta a la presencia tranquilizadora del terapeuta, se va calmando. Las defensas del paciente se suavizan, de modo que el crecimiento natural y la sanación se pueden desplegar.

Reconocemos cuatro características principales: Apertura / Claridad / Ecuanimidad / Vitalidad.

La primera cualidad es la apertura. Nos referimos a lo que se conoce como conciencia abierta para observar y percibir lo que se encuentra frente a nosotros con una forma progresiva de disponibilidad que nos permite percibirlo todo sin apropiarnos ni juzgar nada.

Otra cualidad es la claridad, esta se compone de lucidez y luminosidad, y surge del silencio de la mente. La conciencia liberada de pensamiento tiene su propia inteligencia y sabiduría. Desde la claridad de una mente serena, se puede percibir la realidad sin condicionamientos.

Otra cualidad es la ecuanimidad, caracterizada por la posibilidad de permanecer en un estado de equilibrio y compostura emocional serena que no se ve perturbada a pesar de la intensidad de las emociones que surgen en el encuentro. Esta característica incluye tres cualidades: imparcialidad, estabilidad y equilibrio, que son las que nos permiten fluir frente a los acontecimientos internos y externos sin juzgarlos ni oponer resistencia. Esta actitud ecuánime, se transmite también al otro y ayuda a modular "la tormenta" que el enfermo pueda traer consigo, como decía Marco Aurelio, un filósofo estoico hace casi dos mil años: "Debes ser como un promontorio en el mar, contra el cual las olas baten continuamente, pero resiste, y en su cercanía las crecidas olas se tranquilizan y aquietan".

La cuarta cualidad es la vitalidad, que implica la posibilidad de habitar el momento de forma enérgica o vívida.

Hay muchos caminos para desarrollar nuestra capacidad de mantenernos presentes. El primer paso consiste en reconocer que nuestro nivel de conciencia, nuestra capacidad de estar presentes, atentos, de forma lúcida, estable y relajada, se puede cultivar. Por lo tanto, el grado de presencia que tenemos siempre es mejorable.

Material 4. Sobre nuestra mirada

Leer el siguiente, texto, y después, completa estas frases:

- Necesito mirar desde lejos... para poder...
- Necesito mirar desde cerca... para poder...
- Necesito mirar hacia dentro... para poder...
- Necesito mirar hacia bajo... para poder...

"Es importante saber ver de lejos, no perder la perspectiva, atisbar más allá de los problemas, dirigir los ojos hacia el horizonte para poder seguir el rumbo.

Es importante ver de cerca, a quienes nos rodean, ver lo que nos alimenta, lo que nos reconforta, ver lo cercano para poder detenernos en lo que nos enseña y alejarnos de lo que nos oprime, para poder elegir, decidir y actuar.

Es importante ver hacia dentro, para no olvidar nuestros éxitos, nuestros miedos, nuestros prejuicios y nuestras fortalezas.

Es importante ver hacia abajo, no perder la visión del terreno, reconocer los obstáculos, recoger lo perdido y tomar nuestra propia medida.

Pero, sobre todo, es imprescindible cambiar nuestra mirada para ser capaces de reconocer el esfuerzo escondido en la queja, el miedo camuflado en la violencia, la fragilidad agazapada en la prepotencia y el deseo universal de que nos quieran.

Si aprendemos a mirar más allá de las apariencias tal vez podamos, algún día, desprendernos de las apariencias".

Material 5. Sobre las heridas

Al hilo de la reflexión realizada por Branden (2011):

> *Podemos sentirnos temporalmente derrotados sin definir nuestra esencia como fracaso. Podemos permitirnos sentirnos temporalmente desesperanzados, abrumados, pero conservar la certeza de que, después de un descanso, recogeremos las piezas lo mejor que podemos y comenzaremos a avanzar nuevamente. La visión que tenemos de nuestra vida trasciende los sentimientos del momento.*

- Recuerda algún momento de tu vida en el que te pudiste sentir fracasado, desesperanzado, abrumado...
- Comparte aquella situación vivida, ¿consideras que está sanada, queda algo por resolver, aprendizajes de aquello?
- Compartir lo que evoca en ti este texto.

Material 6. Sobre la mirada del otro

Recuerda la presencia en tu vida de alguna persona que sientas desplegó sobre ti esa mirada de aceptación incondicional. Recuerda situaciones vividas con ella. Identifica y describe momentos, y el efecto que tuvieron en ti.

A continuación, escribe una carta de agradecimiento, detallando aquello qué quieres agradecerles.

Material 7. Sobre la autoaceptación

La propia "estatua":

El siguiente ejercicio puede suministrarnos información sobre cómo nos vemos a nosotros mismos y la idea que nos hacemos de lo que los demás piensan de nosotros. Se trata de un ejercicio de imaginación.

Imaginar que visitamos un museo de escultura. Mientras vamos pasando por las salas vamos viendo diferentes estatuas de personas conocidas y desconocidas. De pronto, en una sala cualquiera, encontramos "mi estatua", la estatua que me representa, la de mi persona. Intentar imaginar y responder a las siguientes preguntas:

—¿Cómo es mi estatua? ¿De qué material? ¿Policromada, de un solo color? ¿Qué lugar ocupa en la sala y dentro del museo?

—¿Me gusta mi estatua? ¿Qué comentario hago de ella?

—Mientras permanezco mirándola, pasa por allí mucha gente y observo los comentarios que hacen de ella: ¿qué dicen los que no me conocen?, ¿qué dicen mis amigos?, ¿qué dice mi familia?, ¿qué dicen mis compañeros de trabajo?, ¿qué dicen las personas que tienen autoridad sobre mí?, ¿y las que dependen de mí, sobre las que tengo autoridad?

—Paso también yo mismo (me desdoblo con la imaginación) y ¿qué digo al contemplar mi estatua? ¿Me gusta? ¿La cambiaría de sitio? ¿Cambiaría algo de ella?

Reflexionar sobre lo que puedo aprender de mí mismo al tomar conciencia de la información que este ejercicio me suministra sobre la imagen de mí mismo y la idea que tengo de la imagen que se hacen los demás de mí. El ejercicio puede servir también para ser compartido en un pequeño grupo y contrastar la propia idea de sí con la que los demás nos pueden ofrecer con ocasión del compartirlo.

Material 8. Sobre el manejo de la paciencia

Leer el siguiente cuento y reflexionar sobre el propio manejo de la paciencia. Además, identificar algún momento en el que no manejaste de modo adecuado la paciencia. Señalar los motivos que te llevaron a ello.

No hay que ser agricultor para saber que una buena cosecha requiere de buena semilla, buen abono y riego constante, pero quienes tienen bambú japonés sí que saben del tema.

También es obvio que quien cultiva la tierra no se para impaciente frente a la semilla sembrada y grita con todas sus fuerzas: ¡Crece, maldita sea!

Hay algo muy curioso que sucede con el bambú japonés y que lo transforma en no apto para impacientes:

Siembras la semilla, la abonas, y te ocupas de regarla constantemente.

Durante los primeros meses no sucede nada apreciable.

En realidad, no pasa nada con la semilla durante los primeros siete años, a tal punto, que un cultivador inexperto estaría convencido de haber comprado semillas infértiles.

Sin embargo, durante el séptimo año, en un periodo de solo seis semanas la planta de bambú crece ¡más de treinta metros!

¿Tardó solo seis semanas crecer? No. La verdad es que se tomó siete años y seis semanas en desarrollarse.

Durante los primeros siete años de aparente inactividad, este bambú estaba generando un complejo sistema de raíces; que le permitirían sostener el crecimiento que iba a tener después de este lapso de tiempo.

Material 9. Sobre la serenidad

Leer el siguiente cuento. Reflexiona sobre momentos en que la serenidad no estuvo presente en ti. Al hilo del recuerdo, piensa qué te hizo perder esa serenidad, y qué te podría haber aportado la serenidad en aquellos momentos.

Un soberano de un gran reino se encontraba ya en una avanzada edad y quería asegurarse de que, antes de abandonar el mundo, le transmitía a su hijo una importante lección. A lo largo de las épocas más difíciles de su reinado, aquello había sido clave para mantenerse firme y conseguir que finalmente reinara en su país la paz y la armonía. Por alguna razón, el joven príncipe no acababa de entender lo que su padre le decía.

—Sí, padre, comprendo que para ti es muy importante el equilibrio, pero creo que es más importante la astucia y el poder.

Un día, cuando el rey cabalgaba con su corcel, tuvo una gran idea.

—Tal vez mi hijo no necesita que yo se lo repita más veces, sino verlo representado de alguna manera.

Llevado por un lógico entusiasmo, convocó a las personas más importantes de su corte en el salón principal del palacio.

—Quiero que se convoque un concurso de pintura, el más grande e importante que se haya nunca creado. Los pregoneros han de hacer saber en todos los lugares del mundo que se dará una extraordinaria recompensa al ganador del concurso.

—Majestad, preguntó uno de los nobles, ¿cuál es el tema del concurso?

—El tema es la serenidad, el equilibrio. Solo una orden os doy. Bajo ningún concepto rechacéis ninguna obra, por extraña que os parezca o por disgusto que os cause.

Aquellos nobles se alejaron sin entender muy bien la sorprendente instrucción que el rey les había dado.

De todos los lugares del mundo conocido acudieron maravillosos cuadros. Algunos de ellos mostraban mares en calma; otros, cielos despejados en los que una bandada de pájaros planeaba creando una sensación de calma, paz y serenidad.

Los nobles estaban entusiasmados ante cuadros tan bellos.

—Sin duda, su majestad el rey va a tener muy difícil elegir el cuadro ganador entre obras tan magníficas.

De repente, ante el asombro de todos, apareció un cuadro extrañísimo. Pintado con tonos oscuros y con escasa luminosidad, reflejaba un mar revuelto en plena tempestad en el que enormes olas golpeaban con violencia las rocas oscuras de un acantilado. El cielo aparecía cubierto de enormes y oscuros nubarrones.

Los nobles se miraron unos a otros sin salir de su incredulidad y pronto irrumpieron en burlas y carcajadas.

—Solo un demente podría haber acudido a un concurso sobre la serenidad con un cuadro como este.

Estaban a punto de arrojarlo fuera de la sala cuando uno de los nobles se interpuso diciendo:

—Tenemos una orden del rey que no podemos desobedecer. Nos dijo que no se podía rechazar ningún cuadro por extraño que fuese. Aunque no hayamos entendido esta orden, procede de nuestro soberano y no podemos ignorarla.

—Está bien, dijo otro de los nobles, pero poned ese cuadro en aquel rincón, donde apenas se vea.

Llegó el día en el que su majestad el rey tenía que decidir cuál era el cuadro ganador. Al llegar al salón de la exposición su cara reflejaba un enorme júbilo y, sin embargo, a medida que iba viendo las distintas obras, su rostro transmitía una creciente decepción.

—Majestad, ¿es que no os satisface ninguna de estas obras? Preguntó uno de los nobles.

—Sí, si son muy hermosas, de eso no cabe duda, pero hay algo que a todas ellas les falta.

El rey había llegado al final de la exposición, sin encontrar lo que tanto buscaba cuando, de repente, se fijó en un cuadro que asomaba en un rincón.

—¿Qué es lo que hay allí que apenas se ve?

—Es otro cuadro majestad.

—¿Y por qué lo habéis colocado en un lugar tan apartado?

—Majestad, es un cuadro pintado por un demente, nosotros lo habríamos rechazado, pero siguiendo vuestras órdenes de aceptar todos los que llegaran, hemos decidido colocarlo en un rincón para que no empañe la belleza del conjunto.

El rey, que tenía una curiosidad natural, se acercó a ver aquel extraño cuadro, que, en efecto, resultaba difícil de entender. Entonces, hizo algo que ninguno de los miembros de la corte había hecho y que era acercarse más y fijarse bien. Fue entonces cuando, súbitamente, todo su rostro se iluminó y, alzando la voz, declaró:

—Este, este es, sin duda, el cuadro ganador.

Los nobles se miraron unos a otros pensando que el rey había perdido la cabeza. Uno de ellos tímidamente le preguntó:

—Majestad, nunca hemos discutido vuestros dictámenes, pero ¿qué veis en ese cuadro para que lo declaréis ganador?

—No lo habéis visto bien, acercaos.

Cuando los nobles se acercaron, el rey les mostró algo entre las rocas. Era un pequeño nido donde había un pajarito recién nacido. La madre le daba de comer, completamente ajena a la tormenta que estaba teniendo lugar.

El rey les explicó qué era lo que tanto le ansiaba trasmitir a su hijo, el príncipe.

—La serenidad no surge de vivir en las circunstancias ideales como reflejan los otros cuadros con sus mares en calma y sus cielos despejados. La serenidad es la capacidad de mantener centrada tu atención en medio de la dificultad, en aquello que para ti es una prioridad.

Material 10. Una nota de humor sobre la consideración positiva

Respuesta del alumno: 6 + 7 = 18

Comentario de evaluación:

1. La grafía del número 6 es del todo correcta.
2. Se puede apreciar lo mismo con el 7.
3. El signo más nos dice, acertadamente, que se trata de una suma.
4. En cuanto al resultado, vemos que el 1 es correcto. El segundo número, efectivamente, no es el 8. Bueno, si lo cortamos por la mitad de arriba abajo, observamos que el alumno ha escrito dos treses simétricos. Elegimos el bueno, porque se ve que su intención era buena.

Evaluación:

El conjunto de estas observaciones evidencia que:

a. La actitud del alumno es positiva (lo intentó).
b. Los procedimientos son correctos (los elementos están ordenados correctamente).
c. En conceptos se equivocó, parcialmente, en uno de los seis elementos que forman el ejercicio. Esto es casi sobresaliente.

En consecuencia: “Notable” y “progresa adecuadamente”.

Referencias

Arranz, P., Barbero, J. J., Barreto, P., Bayés, R. (2003). *Intervención emocional en cuidados paliativos. Modelo y protocolos:* Ariel.

Barret-Lennard, G. T. (1998). *Carl Rogers, Helping System: Journey and Substance*. Londres: Sage.

Barreto Martín, M. P., & Soler Sáiz, M. C. (2004). "Apoyo psicológico en el sufrimiento causado por las pérdidas: El duelo". *Dolor y sufrimiento en la práctica clínica*, 139–150.

Barreto, P., Díaz, J. L., & Saavedra, G. (2010). "Acercamiento al sufrimiento a través del counselling". *Informacio Psicologica*, (100), 171–176. Recuperado a partir de https://www.informaciopsicologica.info/revista/article/view/110.

Barth, A. L., & Moody, S. J. (2019). "Theory Use in Counseling Practice: Current Trends". *International Journal for the Advancement of Counselling*, *41*(3), 313–328. https://doi.org/10.1007/s10447-018-9352-0.

Behr, M., Aich, G., & Scheurenbrand, C. (2020). "Person-centered and experiential psychotherapy and transactional analysis–contributions of two humanistic approaches to challenging or confounded counselling situations". *Person-Centered and Experiential Psychotherapies*, *19*(4), 350–364. https://doi.org/10.1080/14779757.2020.1748694.

Ben-eliyahu, A., Sykes, L. A. Y., & Rhodes, J. E. (2021). "Mentoring & Tutoring: Partnership in Learning Someone who 'gets' me: adolescents' perceptions of positive regard from natural mentors". *Mentoring & Tutoring: Partnership in Learning*, *29*(3), 305–327. https://doi.org/10.1080/13611267.2021.1927438.

Benito, E., Mindeguía, M. I. (2021). "La presencia: el poder terapéutico de habitar el presente en la práctica clínica". *Psicooncología* 2021; 18: 371-385. https://dx.doi.org/10.5209/psic.77759.

Bermejo, J. C. (2010). *Resiliencia*, PPC.

Bermejo, J. C. (2011). *Introducción al counselling.* Sal Terrae.

Bermejo, J. C. (2013). "Counselling y coaching". *Revista Chilena*, 6(1), 28–29.

Bermejo, J. C. (2016). "La ausencia del juicio en la ayuda". *Revista Chilena*, *9*(1), 27–28.

Bermejo, J. C. (2017). "La revolución de la ternura". *Revista Chilena*, *10*(1), 24–25.

Bozarth, J. D. (1998). *Person-Centered Therapy: a Revolutionary Paradigm*. Ross-on-Wye, Reino Unido: PCCS Books.

Bozarth, J. D., & Wilkins, P. (2001). *Rogers' therapeutic conditions: Evolution, theory and practice (Unconditional positive regard, Vol. 3)*. Ross-on-Wye, Reino Unido: PCCS Books.

Bozarth, J. D. (2002). "Empirically supported treatments: Epitome of the 'specificity myth'". En J. C. Watson, R. N. Goldman, & M. S. Warner, (Eds.) *Client-centred and experiential psychotherapy in the 21st century: Advances in theory, research and practice* (pp. 168–181). Ross-on-Wye, Reino Unido: PCCS Books.

Brooks, T. P. & Cochran, J. L., (2016). "The core conditions in counseling chronically undecided career decision-makers". *Person-Centered & Experiential Psychotherapies*, *15*(2), 142–155. https://doi.org/10.1080/14779757.2016.1179216.

Branden, N., (2011). *El respeto hacia uno mismo*. Paidós.

Casas, E., en: http://eduardocasas.blogspot.com.es/2010/09/dialogando-con-nuestra-propia-sombra.html, consultado en agosto de 2013.

Conangla, M. (2005). *Crisis emocionales*. Amat editorial.

Cooper, M., & Knox, R. (2018). "Therapists' self-reported chronic strategies of disconnection in everyday life and in counselling and psychotherapy: an exploratory study". *British Journal of Guidance and Counselling*, *46*(2), 185–200. https://doi.org/10.1080/03069885.2017.1343457.

Corbella, S., Botella, L. (2003). "La alianza terapéutica: historia, investigación y evaluación". *América Latina Hoy*, *52*, 41–61. https://doi.org/1130-2887.

Corey, G. (2001). *Theory and practice of counselling and psychotherapy*. 6ª ed. Belmont, CA.: Brooks Cole Publishing.

Cormier, W. y Cormier, L. (1994). *Estrategias de entrevista para terapeutas: Habilidades básicas e intervenciones cognitivo-conductuales*. Bilbao: Desclée De Brouwer. (Original de 1991.)

Duff, C. T., & Bedi, R. P. (2010). "Counsellor behaviours that predict therapeutic alliance: From the client's perspective". *Counselling Psychology Quarterly*, *23*(1), 91–110. https://doi.org/10.1080/09515071003688165.

Eckert, P. A., Abeles, N., & Graham, R. N. (1988). "Symptom Severity, Psychotherapy Process, and Outcome". *Professional Psychology: Research and Practice*, *19*(5), 560–564. https://doi.org/10.1037/0735-7028.19.5.560.

Costa, M. y López, E. (2008). *Consejo psicológico*. Madrid: Editorial Síntesis.

Farber, B. A., & Doolin, E. M. (2001). "Positive Regard". *Psychotherapy*, *48*(1), 58–64. https://doi.org/10.1037/a0022141.

Farber, B. A., Suzuki, J. Y., & Lynch, D. (2018). "Positive Regard and Psychotherapy Outcome: A Meta-Analytic Review".

Psychotherapy, *55*(4), 411–423. https://doi.org/10.1037/pst 0000 171.

Frankl, V. (2001). *El hombre en busca de sentido*. Herder.

Frankl, V. (2012). *Fundamentos y aplicaciones de la logoterapia*. Herder.

Freire, E. S. (2007). "Empathy." En M. Cooper, M. O'Hara, P. F. Schmidt, & G. Wyatt (Eds.), *The Handbook of Person-Centered Psychotherapy and Counseling*, (pp. 194-206). Houndmills, Reino Unido: Palgrave Macmillan.

Gimeno Bayón, A. (2006). *Comprendiendo como somos. Dimensiones de la personalidad*. 5ª ed. Bilbao: Desclée De Brouwer.

Giordani, B., (1997). *La relación de ayuda: De Rogers a Carkhuff*, Bilbao: Desclée De Brouwer.

Goldstein, A. P. y Myers, C. R. (1986). *Relationship-enhancement methods*. En F. H. Kanfer y A. P. Goldstein (Eds.), *Helping people change: A textbook of methods* (3ª ed., pp. 19-65). Elmsford, NY: Pergamon.

Gottman, J. M., & Gottman, J. S. (2018). *The science of couples and family therapy: Behind the scenes at the "Love Lab"*. Nueva York & Londres: W. W. Norton & Company.

Greenberg, L., Paivio, S. (2000). *Trabajar con las emociones en psicoterapia*. Barcelona: Paidós.

Gross, B., & Elliott, R. (2017). "Therapist momentary experiences of disconnection with clients". *Person-Centered and Experiential Psychotherapies*, *16*(4), 351–366. https://doi.org/10.1080/14779757.2017.1386588.

Hannush, M. J. (2021). "Acceptance: The Capacity for Acceptance of Self, Others, and Life Itself". En *Markers of Psychosocial Maturation* (pp. 261–283). https://doi.org/10.1007/978-3-030-74315-4.

Hearn, N., Joseph, S., & Fitzpatrick, S. (2021). "Post-traumatic growth in prisoners and its association with the quality of staff–prisoner relationships". *Criminal Behaviour and Mental Health*, *31*(1), 49–59. https://doi.org/10.1002/cbm.2173.

Jayne, K., & Ray, D. C. (2015). "Therapist-Provided Conditions in Child-Centered Play Therapy." *Journal of Humanistic Counselling*, *54*(July), 86–103. https://doi.org/10.1002/johc.12005.

Jung, C. (1999). *Obra Completa volumen 1: Estudios Psiquiátricos, Presentación e Introducción.* Madrid: Trotta.

Landreth, G. L. (2012). *Play therapy: The art of the relationship* (3ª ed.). Nueva York, NY: Routledge.

Levitt B. (2005). *Embracing Nondirectivity.*, Bath, Reino Unido: Bath Press.

Lietaer G. (1984). "Unconditional positive regard: a controversial basic attitude in client-centered therapy". En R. F. Levant & J. M. Shlien (Eds.), *Client-Centered Therapy and the Person-Centered Approach: New Directions in Theory, Research and Practice.* Nueva York: Praeger.

Lietaer, G. (2001). "Unconditional acceptance and positive regard". En: Bozarth, J. D. & Wilkins, P. (Eds.), *Rogers' Therapeutic Conditions, Evolution, Theory and Practice*, Vol. 3: Unconditional Positive Regard. Ross-on-Wye: PCCS Books.

Lizeretti, N. (2012). *Terapia basada en inteligencia emocional.* Lleida: Editorial Milenio.

Lukas, E. (2001). *Paz vital, plenitud y placer de vivir. Los valores de la logoterapia.* Barcelona: Paidós.

Lukas, E. (2006). *También tu vida tiene sentido.* México DF. Ediciones LAG.

Lynch, M. F., & Sheldon, K. M. (2020). "Conditional Regard, Self-Concept, and Relational Authenticity: Revisiting Some Key Rogerian Concepts Cross-Culturally, Through Multilevel Modeling". *Journal of Humanistic Psychology*, *60*(2), 168–186. https://doi.org/10.1177/0022167817696842.

Marvin, F., Howard, R. y Marika, Y. (2012). "How nondirective therapy directs: The power of empathy in the context of unconditional positive regard Marvin". *Person-Centered & Experiential Psychotherapies*, *11*(3), 205–214. https://doi.org/10.1080/14779757.2012.695292.

Martínez Lozano, E. (2016). *Nuestra cara oculta*. Narcea.

Martínez Miguélez2 M. (2006). "Fundamentation Epistemológica del Enfoque Centrado en la Persona". *Polis, 15*. https://doi.org/10.4000/polis.4914.

Matthew, M., Fanning, P., Honeychurch, C., Sutker, C. (2010). *Cree en ti, despierta tu autoestima*. Psicología Práctica. Barcelona: Robinbook.

Mc Lleod, J. (2009). *An introduction to counselling*. Nueva York: Open University Press, MC Graw Hill Education.

Mearns, D. & Thorne, B., (1988). *Person-Centred Counselling in Action*. Londres: Sage.

Monbourquette, J., (1999). *Reconciliarse con la propia sombra*, Santander: Sal Terrae.

O'Farell, U. (1999). *Courage to change: The counselling process*. Dublín: Veritas.

Okun, B. (2001). *Ayudar de forma efectiva*. Barcelona: Paidós.

Pascual, L. M. y Morales, Z. E. (2012) "La función del cambio de la entrevista: consejo (counselling)". En Perpiñá, C. (coord.), *Manual de la entrevista psicológica* (pp. 315-334). Madrid: Psicología Pirámide.

Pattakos, A. (2005) *En busca del sentido. Los principios de la logoterapia aplicados al mundo del trabajo*. Barcelona: Paidós.

Perls, F. (1973) *Teoría y técnicas de la terapia gestáltica*. Buenos Aires, Madrid: Amorrortu.

Powell, J. (1996). *La felicidad es una tarea interior*. Santander: Sal Terrae.

Renger, S. (2021). "Therapists' views on the use of questions in person-centred therapy". *British Journal of Guidance and Counselling*, *0*(0), 1–13. https://doi.org/10.1080/03069885.2021.1900536.

Ridge, S., Campbell, W., & Martin, D. (2003). "Can an experience of conscious identification affect a counsellor's ability to sense and communicate unconditional positive regard? Theoretical and practice-based concerns". *British Journal of Guidance and Counselling*, *31*(3), 275–288. https://doi.org/10.1080/0306988031000147893.

Rogers, C. R. (1942). *Counseling & psychotherapy: Newer concepts in practice*. Boston: Houghton Mifflin.

Rogers, C. R. (1947). "Some observations on the observations of personality". *American Psychologist*, 2, 358–368.

Rogers, C. R. (1951). *Client-Centered Therapy*. Boston: Houghton Mifflin.

Rogers, C. (1957). "The Necessary and Sufficient Conditions of Therapeutic Personality Change". *Journal of Consulting Psychology*, *21*(6), 95–103. https://doi.org/10.1037/0033-3204.44.3.240.

Rogers, C. R. (1959). "A theory of therapy, personality, and interpersonal relationships: As developed in the client-centered framework". *Psychology: A Study of a Science*. Study 1, Volume 3: *Formulations of the Person and the Social Context*, editado por Sigmund Koch. (McGraw-Hill, 1959, 184-256).

Rogers, C. R. (1975). "Empathic: An Unappreciated Way of Being by Centre for Studies of the Person". *The Counseling Psychologist*, *5*(2), 2–10. Obtenido de http://www.elementsuk.com/libraryofarticles/empathic.pdf.

Rogers, C. R. (1977) "Mi filosofía de las relaciones interpersonales y su desarrollo". En C. Rogers y R. L. Rosemberg, (1981) *La persona como centro*. Barcelona: Herder.

Rogers, C. R. (1980). *A Way of Being*. Boston: Houghton Mifflin.

Segrera, A. S. (2008). "El enfoque centrado en las personas después de Rogers: reflexiones y bibliografía en español". *Miscelánea Comillas. Revista de Ciencias Humanas y Sociales*, *66*(128), 63–82.

Farber, N., & Penney, P. (2020). "Essential and Neglected: Transforming Classroom Learning through Relationship". *Journal of Teaching in Social Work*, *40*(2), 95–113. https://doi.org/10.1080/08841233.2020.1726553.

Fazio, S., Pace, D., Flinner, J., & Kallmyer, B. (2018). "The Fundamentals of Person-Centered Care for Individuals with Dementia". *Gerontologist*, *58*, S10–S19. https://doi.org/10.1093/geront/gnx122.

Hafskjold, L., Sundler, A., Holmström, I., Sundling, V., Van Dulmen, S., & Eide, H. (2015). "A cross-sectional study on person-centred communication in the care of older people: the COMHOME study protocol". *BMJ Open*, *5*(4), 1–9. https://doi.org/10.1136/bmjopen-2015-007864.

Mitchell, G., & Agnelli, J. (2015). "Person-centred care for people with dementia: Kitwood reconsidered". *Nursing Standard*, *30*(7), 46–50. https://doi.org/10.7748/ns.30.7.46.s47.

Sinclair, S., Norris, J., McConnell, S. J., Chochinov, H., Hack, T. F., Hagen, N. A., ... Bouchal, S. R. (2016). "Compassion: A scoping review of the healthcare literature Knowledge, education and training". *BMC Palliative Care*, *15*(1), 1–16. https://doi.org/10.1186/s12904-016-0080-0.

Suzuki, J. Y. (2018). "A qualitative investigation of psychotherapy clients' perceptions of positive regard". *Dissertation Abstracts International: Section B: The Sciences and Engineering*, *79*(12-B(E)).

Suzuki J. Y., & Farber B. A. (2016). "Toward greater specificity of the concept of positive regard". *Person-Centered and Experiential Psychotherapies*, *15*(4), 263–284. https://doi.org/10.1080/14779757.2016.1204941.

Tilliman, D. (2016). *The Effects Unconditional Positive Regard on Psychotherapy Outcome* Damien Tilliman Disertación presentada a la Facultad de la Escuela de Psicología Profesional de Chicago en cumplimiento parcial de los requisitos para el Grado de Doctor en Psicología.

Torralba, F. (2010). *La ternura*. Lleida: Editorial Milenio.

Trettin, A. F. (2021). "Person-Centered Therapy: The Case of Tommy". En *Discovering Theory in Clinical Practice* (pp. 73–84). https://doi.org/10.1007/978-3-030-57310-2.

Tudor, K. (2011). "Rogers' therapeutic conditions: A relational conceptualization". *Person-Centered & Experiential Psychotherapies*, *10*(3), 165–180. https://doi.org/10.1080/14779757.2011.599513.

Van Lieshout, F., Titchen, A., McCormack, B., & McCance, T. (2015). "Compassion in facilitating the development of person-centred health care practice". *Journal of Compassionate Health Care*, *2*(1), 1–8. https://doi.org.

Vanistendael, S. y Lecomte, J. (2005). *La felicidad es posible*. Barcelona: Gedisa.

Vilas-Boas, M. (2001). "El Mito de la No Directividad: El Caso Jill". En Farber, B., Brink, D. y Rankin, P. *La psicoterapia de Carl Rogers*. Bilbao: Desclée De Brouwer.

Wilkins, P. (2000). "Unconditional positive regard reconsidered". *British Journal of Guidance and Counselling*, *28*(1), 23–36. https://doi.org/10.1080/030698800109592.

Wilkins, P. (2015). *Person-centred therapy: 100 key points*. Londres: Routledge.

Woehler, E., Moss, A., Perez, J., Aleman, R., Seon, Y., & Bell, M. (2021). "Preparing for Strong Therapeutic Relationships: Creativity in Addictions Counselor Education". *Journal of Creativity in Mental Health*, *00*(00), 1–13. https://doi.org/10.1080/15401383.2021.1921647.

Wood, J. K. (2008). *Carl Rogers' person-centered approach: Toward an understanding of its implications*. Ross-on-Wye: PCCS Books.

Títulos recomendados

Colección: Serendipity MAIOR
ISBN: 978-84-330-3267-6
Páginas: 192
Encuadernación: Rústica con solapas
Formato: 17 x 22 cm
Edición: 1ª

Natalia Pedrajas Sanz

La psicóloga en casa

Las posibilidades de la intervención psicológica
en el domicilio de las personas

Sumergidos en una era digital, la intervención en la casa, de forma presencial, es sin duda muy necesaria en dos colectivos vulnerables: los menores de edad y las personas mayores. Las recomendaciones que el lector encontrará en este libro serán sin duda muy valiosas para aquellas personas que se plantean llevar a cabo un servicio de ayuda psicológica y terapéutica a domicilio.

Aurelio López-Barajas de la Puerta
Consejero Delegado de Supercuidadores

Quizá el valor fundamental de este libro sea que ha brotado de la amplia experiencia de su autora y de sus colaboradores. Natalia Pedrajas, pionera en la intervención psicológica a domicilio, nos regala ahora una obra en la que refleja su experiencia, conocimiento y entusiasmo. Pero no se trata sólo de eso, el libro tiene una estructura ordenada en la que se abordan detenidamente las cuestiones fundamentales de este tipo de intervención, todavía muy desconocida, e incluye también una revisión bibliográfica reciente sobre el tema. No es fácil que un libro integre todos estos aspectos.

Isabel Calonge Romano
Psicóloga Clínica. Profesora Titular. Facultad de Psicología UCM

Colección: Serendipity

ISBN: 978-84-330-3259-1

Páginas: 224

Encuadernación: Rústica con solapas

Formato: 14 x 21 cm

Edición: 1ª

Jesús Vega

Yo tampoco puedo con todo

Una guía para cuidarme y priorizar mi salud mental

Vivimos en una sociedad que nos hace interiorizar la idea de que no somos personas valiosas si no tenemos un trabajo estable y somos altamente productivos en él, si no tenemos una pareja e hijos, y una casa con una hipoteca infinita. La sociedad no deja de imponernos cosas, nunca parece ser suficiente, y si no cumplimos con sus expectativas nos podemos llegar a sentir fracasados y defectuosos.

Sin embargo, parece que a esa misma sociedad no le interesa en absoluto nuestra salud mental. La cantidad de psicólogos en el sistema público de salud es irrisoria, y el número de personas que se suicidan no para de crecer, así como los problemas psicológicos.

Si estás cansado de soportar tanta presión por parte de la sociedad, tanta precariedad en el mundo laboral, tanta toxicidad en tus relaciones, mientras te dejas siempre para lo último, en este libro te invito a dar un golpe sobre la mesa y a comenzar a priorizarte a ti y a tu salud mental.

Si no puedes con todo, no pasa nada. Yo tampoco puedo con todo, ¿y qué?

Títulos recomendados

Colección: Serendipity
ISBN: 978-84-330-3264-5
Páginas: 256
Encuadernación: Rústica con solapas
Formato: 14 x 21 cm
Edición: 1ª

Maribel Rodríguez
Liberémonos del narcisismo

El fenómeno del narcisismo, cada vez más prevalente en el mundo contemporáneo, se presenta en distintos niveles, desde formas leves hasta patologías severas, que pueden causar un daño significativo no solo al individuo afectado sino también a su entorno.

Este libro ofrece una exploración profunda del narcisismo en todas sus facetas, proporcionando una comprensión clara de sus causas y manifestaciones. Más allá de la mera identificación, el texto brinda herramientas prácticas para contrarrestar el narcisismo, tanto en uno mismo como en los demás, y destaca estrategias efectivas para protegerse de las manipulaciones narcisistas. Además, incluye valiosas orientaciones para psicoterapeutas en el abordaje del narcisismo en sus pacientes. Al sumergirse en el corazón del narcisismo, desvelando sus múltiples caras y desentrañando las raíces de esta compleja condición, esta obra resultará de gran interés para aquellos que buscan vivir con mayor consciencia y libertad, alejándose de los daños que el narcisismo puede causar en sus vidas.

Colección: Serendipity
ISBN: 978-84-330-3266-9
Páginas: 192
Encuadernación: Rústica con solapas
Formato: 14 x 21 cm
Edición: 1ª

Lawrence E. Shapiro

Cuaderno de trabajo para el trastorno de ansiedad generalizada

Actividades de TCC para controlar la ansiedad, enfrentarse a la incertidumbre y superar el estrés

¿Está la preocupación dominando tu vida? ¿Te preocupas constantemente por el dinero, la salud, la familia, el trabajo u otros temas? ¿Te resulta difícil controlar tus preocupaciones aunque sepas que no te están ayudando?

Aunque la ansiedad pueda hacer que parezca que las cosas nunca mejorarán, es posible liberarse del ciclo de preocupación. En el Cuaderno de trabajo para el trastorno de ansiedad generalizada, el Dr. Lawrence Shapiro te proporciona las herramientas que necesitas para dejar de luchar contra tus preocupaciones y despojar a la ansiedad de su poder. Lleno de una variedad de hojas de trabajo directas y fáciles de usar, aprenderás a:

- Identificar los desencadenantes de tu preocupación.
- Tolerar los pensamientos y sentimientos incómodos.
- Manejar el pensamiento catastrófico.
- Incorporar la atención plena en tu rutina.
- Afrontar los pensamientos intrusivos.
- Desarrollar nuevos hábitos positivos.

A LOS CUATRO VIENTOS

Últimos títulos publicados

65. *El dinero emocional*, Ruth Morales
66. *Todo confluye. Espíritu y espiritualidad en los movimientos altermundistas*, José Eizagirre
67. *Humanitinas. Fármacos humanizadores*, José Carlos Bermejo y Diana S. Simón
68. *La homosexualidad en verdad. Romper, por fin, el tabú*, Philippe Ariño
69. *Zendo Betania. Donde convergen zen y fe cristiana*, Ana María Schlüter
70. *Solo estar*, Enrique y Mercedes Montalt Alcayde
71. *La dicha de ser. No-dualidad y vida cotidiana*, Enrique Martínez Lozano (3ª ed.)
72. *Enseñanzas del Silencio de Moratiel*, Alicia Martínez (2ª ed.)
73. *Puentes de perdón*, Pax Dettoni Serrano
74. *Espiritualidad para ahora. Verbos para el hortelano del espíritu*, J. C. Bermejo (2ª ed.)
75. *El pulso del cotidiano. Ser. Hacerse. Vivir. Realizarse*, José María Toro
76. *Más allá del olvido*, Matilde de Torres Villagrá
77. *El que vive. Relecturas del Evangelio*, Juan Masiá Clavel, S.J.
78. *Un corazón atento. Entre la misericordia y la compasión*, Luciano Sandrin
79. *El diálogo en plena conciencia. El sendero interpersonal hacia la liberación*, G. Kramer
80. *Cuando tu sufrimiento y el mío son un mismo sufrimiento. La vida como sanación compasiva*, Carlos Díaz
81. *Locura de la psiquiatría. Apuntes para una crítica de la psiquiatría y la "salud mental"*, Alberto Fernández Liria (2ª ed.)
82. *Metáforas de la no-dualidad. Señales para ver lo que somos*, E. Martínez Lozano (2ª ed.)
83. *Koan inspirados en San Juan de la Cruz. Luces de occidente para iluminar el camino*, Pedro Vidal López
84. *Mujeres que aman. Susurros feministas sobre el amor y el desamor*, Rosa María Belda Moreno
85. *El evangelio marginado*, José María Castillo (3ª ed.)
86. *Morir hoy. La muerte desterrada*, Víctor Manuel Cabanillas Gutiérrez
87. *Elige la vida. Una lectura existencial de la Biblia*, Montse de Paz
88. *Peregrinar a Jesús. Dios, Jesús y la Salud*, J. C. Bermejo y A. Álvarez Valdés
89. *Psicopatología y psicoterapia de las experiencias transpersonales*, Ana Gimeno-Bayón Cobos
90. *En el principio era la vida. Comentario al evangelio de Juan*, E. Martínez Lozano
91. *Dar-se-nos. Aproximarse al sentido de la propia vida permite acceder a la comunión con el otro y con el Otro*, Enrique y Mercedes Montalt Alcayde

92. *El milagro de vivir despierto. Ser nadie, cumbre de la madurez,* Rafa Redondo
93. *Felicidad tóxica. El lado oscuro del pensamiento postivo,* Rafael Pardo (2ª ed.)
94. *Duelo digital y coranavirus,* José Carlos Bermejo
95. *Encuentros con el silencio,* Julio Zarco Rodríguez
96. *Metáforas para la consciencia,* Pepa Horno - Ilustraciones Zaida Escobar (2ª ed.)
97. *Dar gracias. Oraciones para humanizar la cotidianeidad,* José Carlos Bermejo
98. *Humanizar. Humanismo en la asistencia sanitaria,* José Carlos Bermejo, María Pilar Martínez, Marta Villacieros
99. *El mundo en que vivimos. La conciencia y el camino del alma,* Wilfried Nelles
100. *Humanizar la soledad. Comprenderla y acompañarla,* C. Santamaría, J. C. Bermejo
101. *Un camino sin atajos. Duelo por el suicidio de un ser querido,* Alejandro Rocamora Bonilla (Dir.)
102. *El sanador herido. Humanizar las relaciones de ayuda,* José Carlos Bermejo
103. *Profundidad humana, fraternidad universal. La espiritualidad no-dual,* Enrique Martínez Lozano
104. *El ser humano, un ser espiritual,* Javier Urra (2ª ed.)
105. *La vida de Jesús y sus enseñanzas,* Manuel Segura
106. *Mindfulness para cristianos,* Rafael Pardo
107. *Oraciones para humanizar cada día,* José Carlos Bermejo
108. *El arte de mirar y escuchar desde el Corazón,* José María Toro
109. *Gratitud,* Rafael Redondo
110. *Escucha y consuelo. La palabra que sana,* José Carlos Bermejo
111. *Declive de la religión y futuro del evangelio,* José María Castillo (2ª ed.)
112. *Motivación y salud,* José Carlos Bermejo
113. *Pérdidas y comprensión ¿Cómo vivir los duelos?,* Enrique Martínez Lozano (2ª ed.)
114. *En tus manos encomiendo mi espíritu. Tu cayado me acompaña,* Rafa Redondo
115. *Mujeres sacerdotes, ¿cuándo? Diálogos en torno al sacerdocio de las mujeres,* Mª José Arana (2ª ed.)
116. *La vida íntima,* Javier Urra
117. *Cuando muere la persona amada,* Enrique Martínez Lozano
118. *Un resplandor inesperado. Relatos de transformación espiritual basados en hechos reales,* Ricardo Fernández Aguilà
119. *Acoger al niño o niña interior. Reconectar con el propio valor y la propia bondad,* Enrique Martínez Lozano
120. *Profesionales compasivos. La aceptación incondicional en las relaciones de ayuda,* Ana Martínez-Cuevas, José Carlos Bermejo y Pilar Barreto Martín
121. *Meister Eckhart. El libro del consuelo y conforte Divino,* José Carte